Texte schreiben

Bibliographische Information der Deutschen Nationalbibliothek:
Die Deutsche Nationalbibliothek verzeichnet die Publikation in der
Deutschen Nationalbibliografie; detaillierte bibliografische Daten sind
im Internet über http://dnb.d-nb.de abrufbar.

Gedruckt auf chlorfrei gebleichtem, säurefreiem und alterungsbeständigem Papier.

4. Auflage
ISBN: 978-3734751127

Herstellung und Verlag: BoD - Books on Demand, Norderstedt

Eike Christian Petering

Texte schreiben

50 Vorlagen von
der Textagentur etexter

www.etexter.de

Einleitung

Etexter ist die moderne Textagentur für Privatkunden, Firmen und Verbände. Erfahrene Redakteure schreiben Artikel, Broschüren, Bücher, PR-Texte, Webseitentexte und viele weitere Textarten. Auf Wunsch schon innerhalb von 48 Stunden und selbstverständlich gern auch auf Englisch.

Produktbeschreibungen verfassen, Werbebriefe schreiben und Pressemitteilungen formulieren: Texterstellung kostet Zeit und bindet viele Mitarbeiter. Lassen Sie etexter das doch einfach für Sie erledigen! Das Verfassen von Texten ganz oder teilweise an einen professionellen Dienstleister auszulagern ermöglicht es Ihnen, sich Ihrem Kerngeschäft zu widmen.

Auch Privatkunden helfen wir gerne, beispielsweise beim Verfassen einer Biografie oder eines Anschreibens. Für Redemanuskripte – vom Firmenjubiläum über den Geburtstag bis zur Hochzeit – haben wir mit unserem Redenservice ein eigenes Angebot: www.redenservice.de

Bei etexter können Sie Ihre Texte einfach online bestellen: Nach Angabe der Sprache, Seitenzahl und des Liefertermins sehen Sie sofort den Preis für Ihren individuellen Text. Dann können Sie uns Ihre inhaltlichen Vorgaben mitteilen. Darüber hinaus besteht die Möglichkeit, auch Dateien mit weiteren Informationen zum Text beizufügen oder uns den Link zu einer Webseite zu nennen.

Unsere Redakteure verfassen Ihren Text, redigieren ihn sorgfältig und liefern ihn pünktlich zum von Ihnen gewählten Termin. Sie werden per E-

Mail benachrichtigt und können Ihren fertigen Text über eine sichere Verbindung herunterladen.

Hinter etexter und dem Redenservice stehen Diplom-Journalist Eike Christian Petering und sein seit 20 Jahren bewährtes Team aus erfahrenen Redakteuren. Die Bündelung von Kompetenz und Erfahrung macht etexter und den Redenservice zur ersten Wahl für alle, die keine Kompromisse bei der Qualität ihrer Texte eingehen möchten.

In diesem Ratgeber finden Sie zahlreiche Anregungen für eine Verbesserung der Alltagskommunikation durch professionell formulierte Texte. Lassen Sie sich inspirieren! Und zögern Sie nicht, bei Ihrem nächsten Textprojekt auf die Hilfe unserer Redakteure zurückzugreifen:

www.etexter.de

Private Texte

Von der Autobiografie über Briefe und Einladungen bis hin zum Webseitentext: Auch im privaten Rahmen gibt es zahlreiche Texte, bei denen man froh über professionelle Unterstützung ist. Die erfahrenen Redakteure der Textagentur etexter schreiben für Sie Texte zu vielen Anlässen!

Somit können wir auch Privatkunden unseren umfassenden Service anbieten. Beschreiben Sie einfach in Stichworten, welchen Inhalt Ihr Text enthalten soll. Wir erledigen die Formulierung. Von kurzen Texten bis hin zu ganzen Büchern können Sie uns einfach online als Ihren persönlichen Ghostwriter und Redakteur einsetzen.

Anschreiben

Auch im privaten Schriftverkehr profitiert man von professionell geschriebenen Anschreiben. Es ist in jedem Fall von unschätzbarem Vorteil, wenn Sie Ihr persönliches Anliegen Verwandten, Freunden und Bekannten in einem gut strukturierten Text mit angemessenem Sprachstil vortragen können.

Sie erhöhen die Erfolgschancen, sich mit Ihren Anliegen bei Ihren Adressaten Gehör zu verschaffen, gewinnen an Aufmerksamkeit und gegebenenfalls an Wohlwonnen. Zu einem privaten Anschreiben zählen persönliche Korrespondenzen aller Art, beispielsweise an ehemalige Mitschüler oder Studienkollegen, die man über viele Jahre aus den Augen verloren hat. Wir ermöglichen es Ihnen, immer den richtigen, von Ihnen gewünschten Ton zu treffen.

Auch komplizierte Inhalte werden von uns in einem verständlichen, attraktiven und dem jeweiligen Anliegen angemessenen Text verdeutlicht. Ihre Individualität zu wahren, ist unser Anspruch. Sie können darauf zählen, dass Ihre persönlichen Botschaften bei etexter mit Sorgfalt und Kompetenz stilsicher und ganz nach Ihren Vorstellungen in einem exklusiven Schreiben formuliert werden.

Anschreiben an Studienfreunde

Liebe Studienfreunde,

die Zeit vergeht! Wir haben inzwischen alle ein Alter erreicht, in dem die ersten grauen Haare unser Haupt schmücken und sich in unseren Gesichtern zu den Lachfalten weitere gesellen, die Zeugnis der gereiften Lebenserfahrungen ablegen.

Nach unserem Studium sind wir unsere eigenen Wege gegangen, die uns über ganz Deutschland verstreut haben. Und dass wir uns dadurch in den nunmehr vergangenen 25 Jahren ein wenig aus den Augen verloren haben, ist mehr als verständlich und der übliche Gang der Dinge. Das in diesem Jahr erreichte Jubiläum unseres Studienabschlusses möchte ich daher zum Anlass nehmen, unsere Clique von damals zu einem persönlichen Treffen einzuladen, denn ein Wiedersehen würde mich und bestimmt auch euch sehr freuen!

Während der Studienzeit in Nürnberg pflegten wir ja in unserem Kreis die liebgewonnene Tradition unserer alljährlichen Besuche des Weihnachtsmarkts in der Altstadt, so dass ich vorschlagen möchte, dass wir an diese anknüpfen und unsere neuerliche Zusammenkunft dort mit mindestens einem Glas Glühwein begießen. Als Termin schwebt mir das erste Adventswochenende vor, an dem der vorweihnachtliche Stress hoffentlich noch nicht voll ausgebrochen ist.

Wenn dieser Ort euch genehm ist und ihr mir euer Kommen zusagt, würde ich es gerne übernehmen, die Zimmerreservierungen für die Übernachtung von Samstag auf Sonntag in einem sehr schönen und gemütlichen Hotel in der Nähe des Hauptmarkts vorzunehmen.

Artikel

Möchten Sie der Autor eines Artikels, einer Glosse oder auch einer Kolumne werden? In einer Hochzeits- oder Geburtstagszeitung etwa können Sie als „rasender Reporter" Ihre ganz persönliche Sichtweise auf ein festliches Ereignis zum Ausdruck bringen.

Vielleicht werden Sie von der Verwandtschaft oder Freunden aufgefordert, eine witzige Anekdote zum Besten zu geben, eine rührende Geschichte zu erzählen oder einen Kommentar beizutragen. Ideen hierzu könnten sein: War das Geburtstagskind sportlich? Oder der Bräutigam ein Vielreisender? Es ist ein ganz persönliches Geschenk, bei dem Sie Ihrer Kreativität und Ihren Ideen freien Lauf lassen können.

Auch für Familienchroniken lassen sich wunderbare Beiträge erstellen. Jede Familie hat ihren eigenen, unverwechselbaren Stil, mit all den Überraschungen, Abenteuern und Erfahrungen aus vergangenen Jahren. Gemeinsames Schwelgen in Erinnerungen, ein ausgelassenes Lachen oder eine herzliche Umarmung lassen sich mit solchen Texten erreichen.

Die erfahrenen Redakteure von etexter unterstützen Sie dabei von der Idee bis zum fertigen Beitrag. Aktuelle Fotos oder Schnappschüsse aus der Kindheit, der Jugend oder dem Erwachsenenalter hauchen dem Artikel zusätzliches Leben ein.

Artikel eines Trauzeugen

Nach dreizehn Jahren Segler-Freundschaft kenne ich unseren Bräutigam Matthias lange und gut. Das Schöne ist, dass ich als Zeuge der ersten Begegnung unseres Traumpaares um die wirkliche Version der romantischen Zusammenhänge weiß. Hier kommt die wahre Geschichte:

Als Hans-Dampf-in-allen-Gassen und äußerst selbstbewusst: So kennt man Matthias. Er segelt immer hart am Wind und bisher hat er jede Seenot souverän gemeistert. Bei der ersten Begegnung mit Sabine wusste Matthias allerdings nicht so richtig wie er das Segel setzen soll.

Und das kam so: Auf den Tag genau vor sechs Jahren, nahmen wir in der Mittagspause schicksalhaft Kurs auf die Pizzaria Rossini. Die Bedienung – also Sabine – kam auf uns zu und Matthias schaute sie an wie einen Fünfmaster, der auf einer perfekten Welle an unseren Tisch segelt.

Nach einigen Fußtritten meinerseits tauchte er endlich aus seiner Versunkenheit auf und fragte sie nach ihrem Namen. Schon damals war klar zu erkennen, dass sie auf einer gemeinsamen Welle sendeten. Ihre Blicke sprachen Bände...

Biografie

Persönliche Erinnerungen sind wertvoll. In ihnen verbirgt sich ein Schatz an Erfahrungen, die aus den kleinen sowie den einschneidenden Erlebnissen des Lebens gewonnen wurden. Viele Menschen tragen sich mit dem Gedanken, jene Erinnerungen für sich und andere schriftlich festzuhalten, befürchten aber dieser herausfordernden Aufgabe sprachlich oder zeitlich nicht gewachsen zu sein.

Die professionellen Ghostwriter von etexter schreiben Ihre Autobiografie. Gern auch die Biografie einer Ihnen bekannten Person, der Sie damit ein ganz individuelles und außergewöhnliches Geschenk machen können. Auch die in Auftrag gegebene Autobiografie, zum Beispiel zum 70. Geburtstag, kann ein sehr persönliches Präsent des Jubilars an seine Familie und Freunde bedeuten.

Weitere Anlässe sind etwa Silberne, Goldene und Diamantene Hochzeiten oder die Geburt des ersten (Enkel-)Kindes, um die

Familienhistorie zu dokumentieren und der zukünftigen Generation mit auf den Lebensweg zu geben.

Es ist aber letztlich gar kein besonderer Anlass nötig, um in einer Biografie bzw. Autobiografie die persönliche Vergangenheit durch eine exklusive Niederschrift für sich oder andere zu bewahren. Ob eher nur ein paar Seiten lang oder auch in großem Umfang, dank der Erfahrung und Kompetenz unserer Ghostwriter werden die bedeutsamen Erlebnisse interessant, spannend, gegebenenfalls mit einem humoristischen Esprit oder auch mit angemessener Empathie – kurz: einfach lesenswert – geschildert.

Sie können sich für die verschiedensten Stilarten und Erzählformen entscheiden, die wir für Sie gekonnt umsetzen. Selbstverständlich werden wir auf Wunsch auch Ihre rückblickenden, vielleicht gar philosophischen Gedanken, aktuelle Reflexionen oder pointierte Lebensweisheiten, die Sie an die Leser der Biografie an der einen oder anderen Stelle richten wollen, stilsicher und akzentuiert in die Memoiren einfließen lassen.

Autobiografie

Wer nach 70 Jahren auf sein Leben zurückblickt, wird in den allermeisten Fällen unweigerlich konstatieren müssen, dass es abwechslungsreich, mit Höhen und Tiefen, verlaufen ist. Für letztere hatte ich seit meiner Jugend einen Leitsatz, dem ich stets treu geblieben bin und der mich immer aufgebaut hat: „Wir schaffen das!" Dass diese drei klaren und hoffnungsintensiven Worte in der politischen Diskussion einmal zum Zankapfel avancieren würden, wäre mir seinerzeit als Teenager und auch danach niemals in den Sinn gekommen.

Seinerzeit, das war 1962, während der Flut in Hamburg, die auch meine Familie so überrascht hatte, dass uns nur noch der Fluchtweg auf das Hausdach blieb, wo wir dann stundenlang auf Hilfe warteten. Sie kam, in Person eines eher schmächtigen Feuerwehrmanns im Ruderboot, dem man die sonore Stimme gar nicht zugetraut hätte, mit der er uns bei seiner Ankunft zurief: „Keine Angst! Wir schaffen das!"

Als Halbstarker, wie man damals noch sagte, hätte ich um keinen Preis zugeben wollen, dass ich mich sehr wohl fürchtete. Mir war kalt, doch das allein erklärte nicht mein Zittern am ganzen Körper. Umso irritierter war ich, dass meiner kleinen, neun Jahre jüngeren Schwester auf unserer begrenzten Zufluchtsfläche umgeben von den Wassermassen gar nicht bange zu sein schien.

Sie schien vielmehr von dem Naturspektakel einfach nur fasziniert zu sein und strahlte dabei eine unglaubliche innere Ruhe mit voller Zuversicht aus. Als ihr der Feuerwehrmann die Hand reichte, um sie als erste ins Rettungsboot zu hieven, wiederholte sie mit diesem kindlichen Urvertrauen dessen Worte: „Wir schaffen das!"

Blogtext

Das Verfassen von Beiträgen für Ihren privaten Blog verschlingt viel Zeit? Sie haben Stunden damit verbracht, Ihre Reise nach Tasmanien zu beschreiben und sind dennoch unzufrieden mit dem Ergebnis? Beauftragen Sie einen Experten! Erfahrene Texter wissen genau, wie ein Blogbeitrag gestaltet werden sollte.

Sie tauchen leidenschaftlich gerne und wissen, dass Ihr Blog vielen Tauchern wichtige Informationen bietet, etwa über Tauchgebiete oder über neue Tauchausrüstungen? Ein Redakteur ist in der Lage, diese Informationen leicht lesbar zu präsentieren. Von unseren Autoren können Sie folgende Leistungen erwarten:

- *Der Ton und Inhalt des Textes entspricht genau Ihrem Stil und dem Anspruch Ihrer Zielgruppe.*
- *Der Text ist so spannend und unterhaltend geschrieben, dass es ein Vergnügen ist, ihn zu lesen.*

- Sie erhalten den gewünschten Text pünktlich zum gewünschten Termin.

Sie verbringen Ihren Urlaub am liebsten auf dem Rücken von Islandpferden. Auf Ihrem privaten Blog informieren Sie Pferdefreunde über Homöopathie und alternative Heilmethoden – doch das Schreiben fällt Ihnen schwer. Beauftragen Sie einen professionellen Texter und erleben Sie, wie einfach Sie die Pflege Ihres Blogs mit dieser Unterstützung bewältigen.

Blogtext: Sporttauchen im Mittelmeer

„Einfach fantastisch!" Mein Gedanke verschwindet so schnell, wie er gekommen ist. Der riesige Mondfisch sieht uns Taucher mit großen Augen an und dreht sich langsam zur Seite. Die Gruppe deutscher Taucher, zu denen ich gehöre, verfolgt den zwei Meter langen Fisch. Er gleitet langsam an dem Korallenriff der bunten Unterwasserlandschaft von Portofino entlang wie der Herrscher einer anderen Welt.

Was macht den Naturschutzpark Portofino so besonders?

- Ein riesiges Korallenriff erhebt sich im klaren Wasser und präsentiert eine farbenfrohe Bevölkerung, die in Europa ihresgleichen sucht.
- Dieses Gebiet zieht seit den 70er Jahren Sporttaucher an. Zahlreiche Tauchschulen bieten hervorragend organisierte Tauchgänge an.
- Nach dem Tauchen lockt italienisches Essen und Einkaufen bei Mares S.p.A. in Rapallo, einem der weltweit größten Unternehmen für Tauchsport-Ausrüstung.

Die italienische Riviera ist ein Paradies für Taucher, das nichts zu wünschen übrig lässt. ‚Il Dragone', der Drachen, und ‚Il Christo degli Abissi', der Christus der Meerestiefen, stehen morgen auf dem Programm unserer Tauchreise, die ich für meine Freunde organisiert habe. Heute Abend entspannen wir, sechs Deutsche aus Frankfurt, in unserem kleinen, gemütlichen Hotel Italia e Lido. Von meinem Balkon überblicke ich direkt den Hafen mit dem mittelalterlichen Fort...

Brief

Einen privaten Brief zu schreiben, ist immer eine Herausforderung, aber auch eine der persönlichsten Arten der Kommunikation. Briefe an Verwandte, Freunde oder Trost- und Trauerbriefe sind nach wie vor ein wichtiger Teil des gegenseitigen Austausches.

Beim Schreiben eines Briefes steht mitunter die eigene Unsicherheit im Weg, man hat wenig Übung oder vielleicht einfach nur Zeitdruck. Dennoch soll der Brief natürlich gut werden. Vielleicht haben Sie schon mehrere erfolglose Anläufe hinter sich oder gar nicht erst mit dem Schreiben angefangen. Dann benötigen Sie die Hilfe von jemandem, der sich damit bestens auskennt!

Brief nach einem Familientreffen

Liebe Großeltern,
liebe Eltern,
meine lieben Geschwister,
Onkel, Tanten, Cousins und Cousinen,

als ich gestern nach unserem Familientreffen hier zuhause angekommen bin, war ich richtig gut gelaunt und glücklich. Es war schön, euch alle nach so langen Jahren wiederzusehen und mit einigen über die guten alten Zeiten zu plaudern.

Ich hatte doch schon fast vergessen, wie es ist, Onkel Max live und in Farbe über das Wetter schimpfen zu hören! Oder du, meine liebe Schwester Gabriele: Wie schön war es, zu sehen, dass deine Enkeltochter dir wie aus dem Gesicht geschnitten ist. Und dann noch Tante Elena gleich beim Hereinkommen mit einem ihrer wunderschönen

Hüte zu erblicken, weckte bei mir das Gefühl, bei meinen Wurzeln angekommen zu sein.

Obwohl wir uns in all den Jahren nicht immer einig waren, gab es doch stets einen starken Zusammenhalt zwischen uns allen. Das macht mich glücklich und stolz. Wir sollten uns viel öfter treffen und genau wie gestern, viel lachen und uns in den Arm nehmen...

Buch

Sie möchten ein privates Buch schreiben? Etwa eine Autobiografie? Dann lassen Sie sich von unseren erfahrenen Redakteuren helfen! Unsere Ghostwriter besprechen mit Ihnen den Inhalt und Sie können bequem Kapitel für Kapitel abschnittsweise bestellen.

Noch nie war es einfacher als heute, ein Buch zu publizieren. Das Medium E-Book hat daran einen großen Anteil, und viele Autoren bringen ihr Buch als Self-Publisher auf den Markt. Aber ob E-Book oder „richtiges" Buch aus Papier, ob Ratgeber, Biographie, Sachbuch, Reisebericht oder Roman – für jedes Buch gilt: Der Text muss stimmen. Er darf nicht langweilen, sondern muss unterhalten. Die Gliederung in Abschnitte und Kapitel will sorgfältig und vor allem logisch aufgebaut sein, damit der Leser auch mühelos folgen kann.

Rechtschreibung und Grammatik sind natürlich ebenso wichtig. Falsch geschriebene Wörter und eine nicht korrekte Zeichensetzung schmälern nicht nur den Lesegenuss, sondern können das Geschriebene sogar im schlimmsten Fall unverständlich machen. Sind alle Faktoren berücksichtigt, sollte daher unbedingt eine sorgfältige Textredaktion erfolgen.

Lassen Sie sich als privater Autor davon nicht entmutigen und vertrauen Sie Ihr Werk den Profis von etexter an. Versierte Redakteure gießen Ihre Arbeit in eine Form, die Ihre zukünftigen Leser begeistern wird. Legen Sie Ihr Werk in unsere Hände und lassen Sie Ihre Ideen Gestalt annehmen. Unabhängig davon, wen und welche Ziele Sie mit Ihrem Buch erreichen möchten – wir schreiben und überarbeiten Ihren Text zielgruppengerecht nach Ihren Wünschen und Vorgaben!

Buch eines Vielreisenden

Langsam quält sich ein Kleinbus die enge Serpentinenstraße des "Hiram-Bingham-Highway" hinauf zur alten Stadt auf dem Gipfel des Berges Machu Picchu, welcher der Stätte ihren Namen gab. Kurz nach einer engen Kehre rumpelt das Fahrzeug durch eines der zahlreichen Schlaglöcher auf der Piste, und der Stoß reißt mich aus meinen Gedanken.

Es ist kurz nach sieben Uhr morgens Ortszeit, nur wenige Fahrgäste sind mit mir unterwegs. Ich schaue aus dem Fenster. Ein Schreck durchzuckt mich, denn der Bus fährt direkt am Rande eines Abgrundes entlang, der 600 Meter tief zu meiner Rechten klafft. Es ist nicht mehr weit bis zum Gipfel.

Mein Blick wendet sich nach links dem Fahrer zu, der das Gefährt mit sicherer Hand über die Serpentinenstraße lenkt. Die versteinert wirkenden Gesichtszüge des Peruaners verraten höchste Konzentration, aber auch die Gleichmut der Routine, mit der er diese Strecke schon unzählige Male bewältigt hat.

Es mag seit Binghams Zeiten bequemer geworden sein, Machu Picchu zu erreichen, weniger gefährlich hingegen scheint es mir jedoch nicht zu sein. Wenigstens um die Lanzenschlangen brauchten wir uns hier im Bus nicht zu sorgen.

Endlich sind wir oben. Durch das Tor zu den Ruinen betrete ich den Rundweg, den ich tags zuvor bereits erkundet hatte. Zielstrebig folge ich ihm bis auf den höchsten Punkt der Stadt. Es ist ruhig, nur ein leiser Wind geht, und 600 Meter unter mir rauschen in der fernen Tiefe die Fluten des Urubamba durch das gewundene Flussbett.

Danksagung

Eine perfekte Danksagung vom Textprofi können Sie bei etexter auch als Privatkunde beauftragen. Teilen Sie uns einfach mit, an wen und wofür Sie Ihre Danksagung versenden möchten. Wir formulieren dann einen überzeugenden Text, der Ihrer Dankbarkeit die passenden Worte verleiht.

Eine Danksagung bringt dem Empfänger Freude und Wertschätzung entgegen, sie ist immer etwas ganz Besonderes und sehr Persönliches. Ein herzlich formulierter Dankesbrief bietet sich zum Beispiel an, wenn Sie sich für die Geschenke zu Ihrer Hochzeit, zum Geburtstag oder zum Jubiläum bedanken möchten. Mit einem „Danke" geben Sie auf besondere Art etwas von der Freude zurück, die Sie empfangen haben.

Vielleicht möchten Sie aber auch mal jemanden danken, der Ihnen geholfen hat, eine schwierige Situation zu bewältigen. Da gibt es eventuell den guten Freund, der bei Ihrer letzten hartnäckigen Erkältung für Sie einkaufen ging. Oder eine Nachbarin, die immer Ihre Pakete annimmt, wenn Sie nicht zuhause sind.

Vielleicht auch die lieben Menschen, die Ihnen Blumen und herzliche Worte zur Genesung schickten. Und wie steht es mit einem „Dankeschön" an Ihre Liebste oder Ihren Liebsten für all die gemeinsamen Jahre? Anlässe gibt es viele und denken Sie daran: Ein „Danke" bereichert immer auch den Dankenden selbst!

Danksagung eines Brautpaars

Liebe Hochzeitsgäste,
liebe Verwandte und Freunde,
liebe Eltern,

unser großes Fest ist nun vorbei, wir haben mit euch gefeiert, gelacht und getanzt! Jetzt hat uns der Alltag als Ehepaar eingeholt und wir stellen fest: Es ist ganz wunderbar, verheiratet zu sein! Noch immer stehen wir unter dem berauschenden Eindruck des Tages, an dem wir uns das Ja-Wort gegeben haben.

Natürlich hatten wir im Vorhinein vieles genau geplant und vorbereitet, doch eines konnten wir ganz sicher nicht voraussehen: Eure Herzlichkeit und die gute Laune mit der ihr den schönsten und wichtigsten Tag in unserem Leben zu einem unvergesslichen Ereignis gemacht habt!

Wir sagen euch von Herzen „Dankeschön" für all die überraschend nützlichen Geschenke. Vor allem für euren guten Appetit am Buffet, der uns die Tupper-Dosen ersparte, sowie die scheppernden Dosen an unserem Auto, dank derer nun jeder in unserem Ort weiß, dass wir beide vom Markt sind!

Darüber hinaus möchten wir uns für eure warmherzige Unterstützung bedanken und die guten Worte und Ratschläge, die ihr uns mit auf den Weg gegeben habt. Ganz besonders unsere Eltern haben sich darin gegenseitig übertroffen…

Einladung

Sie möchten Ihre Silberhochzeit mit einem Sommerfest so richtig feiern. Für Ihr Fest haben Sie ein mittelalterliches Schloss gemietet. Sie planen 150 Gäste einzuladen. Leider sind Sie beruflich so eingespannt, dass Ihnen in den Wochen vor dem großen Ereignis nur wenig Zeit bleibt. Beauftragen Sie einen professionellen Texter mit der Einladung! Ein kurzes Briefing mit den Eckdaten genügt.

Ein ausgebildeter Textprofi kann eine Einladung zu verfassen, die Vorfreude auf das Fest aufkommen lässt! Ob Einladung für eine Hochzeit, zum Geburtstag oder für eine Jubiläumsfeier: Eine stilvolle Einladung stimmt Ihre Gäste gebührend auf Ihr wichtiges Ereignis ein.

Von einem professionellen Texter können Sie diese Leistungen erwarten:

- *Die Einladung entspricht im Ton und Stil Ihren Gästen.*
- *Alle wichtigen Informationen sind in der Einladung enthalten.*
- *Ihr Zeitaufwand für die Einladung ist minimal.*

Für den 70. Geburtstag Ihrer Mutter möchten Sie eine Überraschungsparty mit Gesangeinlage organisieren? Unsere erfahrenen Texter nehmen Ihnen die Aufgabe ab, die Einladung zu formulieren. Sie möchten auf der Feier auch eine Rede halten? Dann ist unser Redenservice für Sie da.

Einladung zur Silberhochzeit von Klaus und Rita Mustermann

Ein Vierteljahrhundert haben wir miteinander verbracht, frohe Stunden, Stunden voller Seligkeit, aber auch schwierige Momente. Wir haben alles überstanden und zwei wunderbare Kinder groß gezogen.

Heute sind wir so verliebt und glücklich wie am ersten Tag unserer Ehe. Lasst uns gemeinsam an dem Ort feiern, an dem unsere Liebe begann!

Vor 25 Jahren haben wir uns in Kallmünz das Ja-Wort gegeben, im mittelalterlichen Rathaus im Schatten der Burgruine. Nun kehren wir zurück. Für unsere Silberhochzeit haben wir das nahe Schloss gemietet. Haltet bitte das erste Juliwochenende frei und feiert mit uns. Alles, was ihr braucht, ist gute Laune! Wir freuen uns auf euch!

Das Programm:
- Freitagabend: Ankunft der Gäste, Begrüßungscocktails, Buffet im Wintergarten
- Samstag: Brunch, anschließend Kanu-Ausflüge, Radfahren oder Baden in der nahen Vils
- Samstagabend: Sommerfest im Schlossgarten mit einer Rockband und Grillspezialitäten
- Sonntag: Brunch, Verabschiedung der Gäste

Gratulation

Ein individuelles und ausführlicheres Gratulationsschreiben eignet sich hervorragend dazu, seiner Wertschätzung Ausdruck zu verleihen. Sicherlich werden die meisten Menschen es bevorzugen, ihre Glückwünsche zum Geburtstag, der Hochzeit, dem Abschluss des Studiums, einer Beförderung, einem Dienstjubiläum und dergleichen mehr in der unmittelbaren Begegnung bei den Feierlichkeiten auszusprechen. Aus nachvollziehbaren Gründen wie beruflicher oder krankheitsbedingter Verhinderung oder räumlicher Distanz ist das jedoch nicht immer möglich.

Der persönliche Brief unterstreicht die Bedeutung des Jubilars und die Hochachtung für seine Person. Dass Sie dabei besonderen Wert auf eine hohe sprachliche Qualität legen, darf man als weiteren Beleg der entgegengebrachten Aufmerksamkeit, Achtsamkeit und Würdigung anerkennen.

Gratulation an die Nichte

Liebe Nichte,

als deine Mutter mir vor Monaten deinen Heiratsentschluss verkündete, hat die frohe Botschaft in mir eine kolossale Freude für dich ausgelöst. Das habe ich dir ja bereits erzählt. Was ich dir in unserem Telefonat allerdings verschwiegen habe, ist, dass ich an jenem Tag tatsächlich eine Spur beschwingter und leichtfüßiger durch die Büroräume schweifte, dass die Freude mich über Stunden begleitete und mich am Abend dazu bewog, meine übliche Lektüre von Fachzeitschriften zu verschmähen und mir stattdessen bei einem Glas meines besten Rotweins unser Familienfotoalbum zu Gemüte zu führen.

In Hochstimmung und mit Amüsement verfolgte ich Bild für Bild deine Entwicklung vom quirligen Wirbelwind über den temperamentvollen Teenager zu einer wunderbaren, intelligenten, sensiblen sowie sehr attraktiven jungen Frau und durfte befriedigt feststellen, dass ich bei nahezu all deinen wichtigen Lebensmomenten wie dem ersten Schultag, Geburtstagen, der Abiturfeier und dem Studienabschluss mit von der Partie war.

Das mag die Verpflichtung eines Patenonkels sein, doch mir war es immer eine Ehre und vor allen Dingen ein Wohlgefallen. Du bist mir wie eine Tochter ans Herz gewachsen. So kann ich dir gar nicht eindrücklich genug sagen, wie sehr ich es bedaure, aus den dir bereits bekannten wichtigen Gründen nicht an den Hochzeitfeierlichkeiten teilnehmen zu können.

Und daher möchte ich dir und deinem Mann auf diesem Wege meine allerbesten Glückwünsche mit der Zuversicht, dass vor euch beiden eine fabelhafte Zukunft liegt, übermitteln. Ihr seid – verzeiht mir meinen verbalen Überschwang – ein bezauberndes Paar aus zwei ganz großartigen Individuen, die sich vortrefflich ergänzen.

Mitteilung

Klar und überzeugend formulieren! Das ist es, was die private Mitteilung ausmacht. Möchten Sie beispielsweise Ihre Nachbarn bezüglich des anstehenden Renovierungslärms um Verständnis bitten? Dann sind Fingerspitzengefühl und eine überzeugende Argumentation gefragt. Die Textprofis von etexter wissen, was es heißt, Inhalte so zu formulieren, dass sie richtig verstanden werden und beim Empfänger das bewirken, was Sie erreichen möchten.

Für Ungeübte ist es oft nicht leicht, bei einer Argumentation das Wichtige vom Unwichtigen zu unterscheiden. Wir helfen Ihnen dabei, Ihr Anliegen verständlich und präzise zu verfassen. Vielleicht möchten Sie auch eine offizielle Korrespondenz führen – zum Beispiel mit einem Politiker. Überzeugend zu schreiben und mit dem gewünschten Effekt, das ist die Herausforderung, die das Redaktionsteam von etexter gerne annimmt.

Mitteilung an die Nachbarn

Liebe Nachbarn,

jetzt sind wir gerade hier in dieses schöne Haus, mit Ihnen als freundliche Nachbarn, eingezogen und dann das: Unsere Waschmaschine hat aufgrund eines Hersteller-Defektes einen Wasserschaden verursacht.

Leider hat das zur Folge, dass in den nächsten Tagen der Lärmpegel im Haus etwas ansteigt, denn die Wände und der Fußboden in unserer Küche müssen aufgestemmt und trockengelegt werden. Die Sanierungsarbeiten werden recht früh, also bereits um kurz nach acht Uhr morgens, beginnen.

Die gute Nachricht ist, dass wir einen Spezialisten finden konnten, der uns versichert hat, die Sanierung innerhalb von zwei Tagen komplett durchzuführen. Die schnelle Erledigung war uns in Bezug auf die anstehende Lärmbelästigung, von der wir selber noch nicht genau wissen, wie hoch sie sein wird, sehr wichtig.

Wir hoffen, dass die Arbeiten in unserer Wohnung Sie in Ihrem Tagesablauf nicht allzu sehr stören werden und sind bemüht, diesen unglücklichen Umstand wieder gut zu machen. Gerne laden wir Sie schon jetzt zu einem gemeinsamen Kaffeetrinken mit leckerer „Sanierungs-Torte" ein...

Webseitentext

Sie benötigen Webseitentexte für Ihre private Internetseite? Gern können unsere erfahrenen Redakteure die Texte schreiben! Teilen Sie uns einfach den Themenbereich Ihrer Seite mit, senden Sie uns soweit bereits vorhanden den Link und wir formulieren für Sie perfekte Webseitentexte! Für geschäftliche Webseiten oder Vereine klicken Sie einfach auf unsere entsprechenden Angebote.

Eine private Webseite kann sich mit vielen verschiedenen Themen befasst, darunter Hobbys und Reisen. Sie sind in einem interessanten Urlaubsland unterwegs oder gar auf Weltreise? Dann können Sie Ihre Verwandten und Freunde mit einer eigenen Reise-Webseite auf dem Laufenden halten.

Auch für die Beschäftigung mit Ahnenforschung, Modellbau oder einer Sammelleidenschaft kann die private Webseite als Plattform zum Kontakt mit Gleichgesinnten dienen. In jedem Fall sollten Sie dem Leser neben einer verständlichen Darstellung des Themas Ihrer Webseite auch tiefergehende fachbezogene Inhalte sowie aktuelle Neuigkeiten zur Verfügung stellen.

Webseite von Freizeitsportlern

Willkommen auf unserer „Extremsport" Seite! Vor einigen Monaten schenkte mir Jan zum Geburtstag einen Gutschein für einen Kitebuggy-Kurs. Segeln am Strand. Eine große Überraschung war das zunächst nicht, denn wir probieren schon seit einigen Jahren regelmäßig neue Sportarten aus. Vergangenes Jahr etwa brachten wir es beim Stand-Up-Paddeln auf einige hundert Kilometer flussabwärts. In unseren Neopren-Anzügen fühlten wir uns dabei wie echte Helden.

Nun stand also Kitebuggy-Segeln auf dem Programm. Umgehend visualisierte ich sonnigen Strand und mich dazu mit einem Cocktail im Sand. Als ich dann auf das Kursdatum schaute, relativierte sich diese Vision, denn da stand unmissverständlich „Januar". Also im Winter! Auf Borkum! Das verhieß eisigen Wind, gefrorenen Sand und Frostbeulen. Doch es kam anders.

Im Januar hissten wir bei Windstärke 6 den Lenkdrachen am jeweiligen Kitebuggy und nahmen Fahrt auf. Den Rausch der Geschwindigkeit an einem menschenleeren Strand zu erleben und das Gesicht in den eisigen Wind zu halten war ein einzigartiges Erlebnis! Das aufgewühlte Meer rauschte, der gefrorene Sand wirbelte empor und die ganze Zeit über rasten wir in vollem Tempo den Strand entlang.

Geschäftliche Texte

etexter ist die moderne Textagentur für Unternehmen jeder Branche und Größe. Erfahrene Redakteure schreiben für Ihre Firma erstklassige Artikel, Broschüren, Pressemitteilungen, Webseitentexte und viele weitere Textarten.

Bei uns können Sie individuelle PR-Texte und Werbetexte für Ihr Unternehmen einfach online bestellen: Nach Angabe der Seitenzahl und des Liefertermins sehen Sie sofort den Preis für Ihren individuellen Text. Dann können Sie uns Ihre inhaltlichen Vorgaben mitteilen. Darüber hinaus besteht die Möglichkeit, Dateien mit weiteren Informationen beizufügen.

Ihre Texte schreiben unter der Leitung von Diplom-Journalist Eike Christian Petering ausschließlich professionelle Redakteure mit einer entsprechenden Ausbildung sowie langjähriger Erfahrung. Dies gewährleistet ein Höchstmaß an Qualität und Sicherheit.

Unsere Werbetexter verfassen Ihren Text, redigieren ihn sorgfältig und liefern ihn pünktlich zum von Ihnen gewählten Termin. Sie werden per E-Mail benachrichtigt und können Ihren fertigen Text über eine sichere Verbindung herunterladen.

Als moderne Textagentur steht etexter für beste Qualität und ein erstklassiges Preis-Leistungs-Verhältnis. Unsere Referenzkunden berichten von der einfachen Bestellung sowie sprachlich und inhaltlich überzeugenden Ergebnissen.

Europas größter Onlinehandelsverband, der Händlerbund, empfiehlt unsere Texter seinen Mitgliedern. Der Gütesiegelanbieter „Geprüfter Webshop" hat etexter über die Vergabe des Siegels hinaus den Status „empfohlenes Unternehmen" verliehen. Als besonders erfahrene Textredaktion empfehlen uns auch die Webseiten-Experten von Jimdo. etexter – einfach gute Texte.

Anschreiben

Ihr Unternehmen verfasst ein Anschreiben an ausgewählte Kunden. Jedes Wort wird Einfluss auf deren weiteres Einkaufsverhalten haben. Oder Sie schreiben nur an einen Empfänger, müssen diesen aber unbedingt für sich gewinnen. Was macht den Unterschied zwischen Erfolg und Papierkorb aus?

Für die Redakteure von etexter gibt es kein festes Schema, mit dem man ein Anschreiben auf die gewünschte Wirkung trimmen könnte. Ganz im Gegenteil: Vermeintliche Erfolgsrezepte frei nach dem Motto „Hauptsache Aufmerksamkeit" sehen wir sehr kritisch. Denn mit Effekthascherei wird man zwar kurz wahrgenommen, aber häufig mit negativen Folgen.

In der täglichen Reizüberflutung mit verschiedensten Werbebotschaften gewinnt nicht der, der am lautesten schreit. Vielmehr ist es nach unserer Erfahrung und der unserer Auftraggeber so, dass man sich mit einem persönlich und authentisch formulierten Anschreiben geradewegs in die Herzen seiner Kunden textet.

Der Schlüssel liegt hier – wie so oft – in der Authentizität. Einen lieblos aus Bausteinen und Phrasen zusammengesetzten Serienbrief erkennt intuitiv jeder als Beleidigung seiner Aufmerksamkeit. Einen persönlich formulierten Text, fernab der üblichen Marketing-Sprache, wird er dagegen fast schon mit Dankbarkeit lesen. Einfach, weil es so selten vorkommt.

Natürlich macht das mehr Arbeit. Es kann sogar bedeuten, bestimmte Abschnitte des Anschreibens tatsächlich individuell für jeden einzelnen Empfänger neu zu formulieren. Ein viel zu hoher Aufwand? Mitnichten!

Denn mit Aufträgen ihrer zufriedenen Stammkunden generieren die meisten Unternehmen den Großteil ihres Umsatzes und Gewinns. Das in den bestehenden Kundenbeziehungen schlummernde Potenzial ist enorm. Mit einem gelungen Anschreiben können Sie es nutzen!

Anschreiben an einen Interessenten

Sehr geehrte Frau Müller!

es freut uns sehr, dass Sie sich für die moderne Textagentur etexter interessieren! Gerne stellen wir uns Ihnen vor: Vom Anschreiben bis zum Werbetext erhalten Sie bei etexter sämtliche Textarten, die Sie im Unternehmensalltag benötigen. Die gesamte Auftragsabwicklung ist online möglich – von der Bestellung über die Zahlung bis zur Lieferung Ihres individuellen Textes.

Ihr wichtigster Vorteil: Für etexter arbeiten ausschließlich erfahrene Redakteure. Die journalistische Ausbildung und die langjährige Erfahrung unserer Autoren kommen Ihren Texten direkt zugute.

Gern überzeugen wir Sie von der hohen Qualität unserer Texte: Bei etexter können Sie Aufträge bereits ab einer Seite erteilen. Somit haben Sie die Möglichkeit, vor einem größeren Projekt zunächst mit einem Teilauftrag ausführlich den Ablauf auszuprobieren und die Resultate zu prüfen. Eine Textseite erhalten Sie schon ab 179 € inkl. MwSt.

Der Ablauf ist ganz einfach: Auf www.etexter.de wählen Sie die gewünschten Textart aus (zum Beispiel ein Anschreiben) und geben die wichtigsten Rahmendaten ins Bestellmodul ein: Wie viele Seiten soll der Text haben, in welcher Sprache und bis zu welchem Termin benötigen Sie ihn? Sofort wird Ihnen der entsprechende Preis angezeigt.

Im nächsten Schritt beschreiben Sie uns den gewünschten Inhalt des Textes und können uns optional auch Dateien mit weiteren Informationen übermitteln. Mit Sofortüberweisung, PayPal, Kreditkarte und Banküberweisung stehen Ihnen vier sichere Zahlungsarten zur Verfügung.

Sobald Ihr Text fertig ist, benachrichtigen wie Sie per E-Mail und Sie können Ihren Text über eine sichere Verbindung herunterladen. Ein weiteres Plus: Durch die internetbasierte Abwicklung Ihrer Aufträge behalten Sie auch bei verschiedensten Projekten zur gleichen Zeit stets die Übersicht. Den aktuellen Status können Sie sich für jeden einzelnen Auftrag anzeigen lassen.

Das Bestellen weiterer Texte geht kinderleicht: Ob neuer Text oder Textüberarbeitung, ob eine oder 15 Seiten, ob in deutscher oder englischer Sprache, ob 48 Stunden oder zwei Wochen Lieferzeit – bei etexter erhalten Sie genau den Text, der Ihr Unternehmen voranbringt.

So sparen Sie viel Zeit und häufig auch viel Geld. Probieren Sie es einfach aus und erleben Sie unser Motto selbst: www.etexter.de – einfach gute Texte.

Mit besten Grüßen
Ihr etexter Team

Artikel

Sie bereiten einen Artikel vor, etwa für die Mitarbeiterzeitschrift oder eine andere Publikation. Fachlich sind Sie bestens im Thema und haben auch schon eine umfangreiche Stoff- und Ideensammlung.

Jetzt geht es ans Aufschreiben und plötzlich stockt der Arbeitsfluss. Der Mensch blickt kummervoll und stier auf ein weißes Blatt Papier!

Häufig ist der für den Artikel vorgesehene Platz begrenzt, man erwartet von Ihnen vielleicht sogar eine bestimmte Zeilenzahl. Auch ist es etwas völlig anderes, sich in einem Gebiet gut auszukennen, oder ein talentierter und erfahrener Texter zu sein. Gut, dass es die professionellen Autoren von etexter gibt!

Ob Sie uns nun mit einer seitenlangen Stoffsammlung oder mit wenigen Stichpunkten zum ungefähren Inhalt Ihres Artikels versorgen: Wir formulieren für Sie in jedem Fall einen packenden Text, an dem sogar jene Leser Freude haben, die sich für das Fachthema gar nicht sonderlich interessieren.

Wie wir das schaffen? Wie immer: Mit unserem einzigartigen Team aus erfahrenen Redakteuren. Wir betrachten Ihren Artikel nicht nur durch eine Brille, sondern beurteilen ihn von allen Seiten.

So gelingen der Aufbau und die Formulierung des Artikels viel besser. Und Sie sparen Zeit und Nerven.

Artikel über Outsourcing

Zahlreiche Unternehmen haben große Teile ihres Geschäftsbetriebs ausgelagert. Ob Buchhaltung, Logistik oder Kundenservice: Outsourcing ist weit mehr als ein Trend geworden. Mit der Fokussierung aufs Kerngeschäft sichern Unternehmen aller Branchen und Größen ihre Wettbewerbsfähigkeit. Doch man sollte drei Grundregeln beherzigen, damit die Auslagerung keine Risiken und Nebenwirkungen mit sich bringt.

Gerade in den Bereichen IT und Management bringen es selbst Mittelständler nicht selten auf eine dreistellige Zahl an externen Beratern und Servicepartnern. Reibungsverluste sind da vorprogrammiert. Auf der anderen Seite haben große Dax-Konzerne die Zahl ihrer Zulieferer durch Bündelung bei einigen leistungsfähigen Allround-Anbietern drastisch reduziert. Ihre Motivation ist nachvollziehbar: Wenn jeder ein bisschen zuständig ist, ist am Ende niemand mehr verantwortlich. Werden hingegen wenige Anbieter mit großen Budgets ausgestattet, müssen sie bei Problemen auch schnell Lösungen liefern.

So lautet die erste Regel: Wo immer es möglich ist, muss Komplexität reduziert werden. Einfache Strukturen, klare Verantwortlichkeiten, kurze Wege. Nur so kann bei Problemen schnell und umfangreich reagiert werden. Doch wie verhält es sich mit den Einsparungspotenzialen durch Outsourcing? Auch hier gibt es interessante Beobachtungen: Konzerne, die zuvor mit Begeisterung ihre gesamte Produktion nach Fernost verlagert haben, kehren reumütig zurück.

Denn neben den Gefahren von Qualitätsproblemen und Know-how Transfer ist der Faktor Zeit von vielen unterschätzt worden: Bis ein Frachtcontainer seinen Weg nach Europa gefunden hat, sind die Produkte in zahlreichen Branchen schon fast wieder veraltet. Da bleibt dann nur die teure Luftfracht. Die zweite Regel: Neben den Kosten müssen vor einer Outsourcing-Entscheidung auch die Faktoren Qualität, Know-how Transfer und Zeit umfassend geprüft werden. Sonst wird eine vermeintlich günstige Lösung schnell teuer.

Haben Sie schon einmal versucht, an einem Samstag Ihren externen Dienstleister zu erreichen? Die Vorteile einer Inhouse-Lösung liegen auf der Hand: Die Mitarbeiter sind unternehmensweit bekannt und auch außerhalb der regulären Arbeitszeiten oftmals schnell zu erreichen, die Kommunikation funktioniert in aller Regel reibungslos. Kann ein externer Anbieter da mithalten?

Es ist eine der wichtigsten Fragen vor einer Outsourcing-Entscheidung und führt zu unserer dritten Regel: Prüfen Sie die Leistungsfähigkeit Ihres Dienstleisters insbesondere in den Bereichen Erreichbarkeit und Kommunikation.

Bei etexter wissen wir um die Bedeutung dieses Faktors und halten die notwendigen Ressourcen bereit, damit wir für unsere Kunden rund um die Uhr erreichbar sind. Die Beantwortung einer E-Mail darf einige Stunden dauern, nicht einige Tage.

Und vor allem: Der Kunde muss stets eine sachgerechte Antwort erhalten, die seinem Anliegen gerecht wird. Im Versandhandel mögen Musterantworten eine probate Methode sein – bei externen Dienstleistern sind sie es keinesfalls.

Prüfen Sie Ihre nächste Outsourcing-Entscheidung auf unsere drei Grundregeln. Denn mit der richtigen Strategie kann sich Auslagerung lohnen.

Blogtexte

Viele Unternehmen haben heutzutage auch einen Blog auf ihrer Webseite. Doch bei der Aktualität und Qualität der darin veröffentlichten Artikel und Einträge gibt es nach wie vor große Unterschiede.

Denn so leicht es ist, einen Text im Internet zu verbreiten, so viele Gedanken sollte man sich über dessen Inhalt und Struktur machen. Sonst kann aus einem Firmen-Blog schnell ein Bumerang werden.

Worüber Sie in Ihrem Blog schreiben, wird maßgeblich durch die Branche und Marktposition Ihres Unternehmens bestimmt. Auch die verwendete Sprache muss angemessen sein. Nichts ist peinlicher als ein traditionsreiches Unternehmen, das sich in seinem Firmenblog mit Jugendsprache und Anglizismen anbiedert. Mit etexter bleibt Ihr Blog authentisch!

Sie sind Experte in Ihrer Branche, also zeigen Sie das auch! Mit fachlich fundierten Blogartikeln, die über interessante Themen in verständlicher Sprache berichten, erreichen Sie Ihre Leser und erhalten eine hohe Reputation.

Deshalb ist es auch nicht unser Ziel, möglichst billig möglichst viel Text zu erstellen. Wir achten stattdessen auf die Qualität der Blogeinträge, die in Ihrem Namen veröffentlicht werden.

Blog-Artikel eines Unternehmens

Zu den größten Vorteilen eines (Firmen-) Blogartikels gehört zweifellos die Möglichkeit, Verknüpfungen zu interessanten Webseiten oder anderen Artikeln zu erstellen. Der Leser kann – wenn er sich für das Thema interessiert – immer weitergehende Informationen finden. Vorausgesetzt, der Blogbetreiber arbeitet seriös und wählt die Links sorgfältig aus, entsteht auf diese Weise eine fast nie versiegende Quelle an nützlichen Fachinformationen, Meinungen und Analysen.

Das andere Ende der Qualitäts-Skala sind Pseudo-Blogs, bestehend aus nutzlosen, aber suchmaschinenoptimierten Texten, die einzig und allein dazu dienen, Besucher auf bestimmte Webseiten zu locken. Solche reinen SEO-Blogs werden inzwischen auch von den Suchmaschinen zu Recht gemieden.

Die Erstellung eines gelungenen Blogbeitrags erfordert ausreichend Zeit für inhaltliche Recherche und ansprechende Formulierung. Auch die erstellten Links und die genutzten Quellen müssen sorgfältig überprüft werden. Umfangreiche Werkzeuge zur sprachlichen Prüfung eines Textes stellt etwa der Dudenverlag auf seiner Webseite zur Verfügung. Darüber hinaus sollten auch Fachinformationen immer wieder in Frage gestellt und geprüft werden.

Besondere Herausforderung für jeden Blogbetreiber ist die direkte Kommunikation mit den Lesern. Hierbei handelt es sich in aller Regel um Ihre Kunden und Interessenten. Sie nutzen vorhandene Kommentarfunktionen häufig auch, um öffentlich und wenig zimperlich Produkte und Leistungen des Unternehmens zu kritisieren. Neben offensichtlicher Schmähkritik, die auch im Zeitalter des „Web 2.0" bedenkenlos gelöscht werden kann, finden sich darunter häufig auch Beschwerden loyaler Kunden, bei denen das Unternehmen mit einer angemessenen und ernsthaften Antwort punkten kann.

So ergeben sich zwei Kommunikationsrichtungen: Jene vom Unternehmen zum Kunden und der Rückkanal vom Kunden zum Unternehmen, unter Einbeziehung der Öffentlichkeit als Leser der Kommentare.

Letztere kann auch korrigierend eingreifen, wenn man ihr die Möglichkeit dazu gibt: Auf vielen Webseiten können Leser die Nützlichkeit der Kommentare anderer Nutzer bewerten. Auch in einem Blog ist dies technisch problemlos umsetzbar. Ein Selbstregulativ mit erstaunlicher Präzision.

Natürlich ist die zweite Kommunikationsrichtung kein Naturgesetz: Es kann gute Gründe dafür geben, keine Kommentarfunktion einzurichten:

So ist der personelle Aufwand für die Moderation und Beantwortung der Kommentare hoch.

Gerade kleine und mittlere Unternehmen stoßen hierbei schnell an Grenzen. Für sie lohnt sich unter Umständen eher ein Blog als „Einbahnstraße", der bei seinen Lesern aufgrund der themenrelevanten und nützlichen Informationen nicht unbedingt schlechter ankommen muss.

Eines ist jedoch ganz wichtig: Ein Firmenblog ist kein „Nebenbei-Medium" für seine Macher. Die Erstellung der einzelnen Artikel ist Unternehmenskommunikation und muss entsprechend sorgfältig betreut werden.

Das Schlagwort „Content first" für die Unternehmenskommunikation im Internetzeitalter ist sicherlich nicht falsch. Noch zutreffender aber wäre: „Quality first".

Brief

Wann haben Sie sich zuletzt über einen gelungenen Brief gefreut, dessen Absender kein Verwandter oder Bekannter war? Ganz gleich, ob E-Mail, Telefax oder Brief: Wer seine Kunden oder Mitglieder erreichen will, muss einen überzeugenden Text formulieren. Der größte Verteiler ist wertlos, wenn ein Brief durch gedankenlose Floskeln zur bloßen Werbung wird.

Die Redakteure von etexter verwenden viel Zeit auf die Formulierung eines ansprechenden Briefes. Denn wir wissen: Bei Post von Unternehmen oder Verbänden muss jeder Satz sitzen.

Der Text soll die Ablehnung überwinden, die solcher Post häufig entgegenschlägt. Er soll den Kunden oder das Mitglied direkt ansprechen und interessieren. Das gelingt nur mit sorgfältiger Vorbereitung und präziser Formulierung des Textes.

Daher prüft das etexter Autorenteam zuerst die Voraussetzungen für Ihr Vorhaben: Genügen die vorliegenden Angaben wirklich, um das angestrebte Ziel zu erreichen? Welche Anreize kann man zusätzlich schaffen? Ein gelungener Text sagt dem Kunden, wie er persönlich von einer Offerte profitiert.

Gerade bei regelmäßigen Rundschreiben darf sich keine Routine einstellen. Bei etexter entwerfen wir für solche Aufträge daher zunächst einen Zeitplan: Welche Botschaften müssen wir später wiederholen? Welche neuen Inhalte können wir platzieren?

Brief an einen Interessenten

Sehr geehrte Frau Meier!

Vielen Dank für Ihr Interesse an unseren Textdienstleistungen. Mit etexter steht Ihnen rund um die Uhr ein Team erstklassiger Texter für Ihr Unternehmen zur Verfügung. Vom Brief bis zur Produktbeschreibung verfassen unsere Autoren sämtliche Textarten, die Sie für Ihren geschäftlichen Erfolg benötigen.

Das Besondere: Sämtliche unserer Texter sind erfahrene Redakteure, die ihr Handwerk exzellent beherrschen. So empfiehlt etwa nicht ohne Grund der Händlerbund seinen Mitgliedern etexter als Servicepartner. Gern möchten wir auch Sie von der hohen Qualität unserer Arbeit überzeugen!

Ihr Vorteil: Sie können Texte zu jedem Anlass einfach online bestellen. Auf www.etexter.de finden Sie das praktische Auftragsmodul: Wählen Sie einfach die gewünschte Sprache und Seitenzahl Ihres Textes sowie den Liefertermin. Sofort wird Ihnen der entsprechende Preis angezeigt. Die Bestellung ist in wenigen Schritten erledigt. Sämtliche Angaben zum Inhalt des Textes teilen Sie uns wahlweise im Auftragsmodul mit oder fügen uns Dateien mit Ihrer Auftragsbeschreibung bei.

Qualität, die sich für Sie auszahlt: Schlechte Texte kann sich niemand leisten. Gute Texte von professionellen Redakteuren erhalten Sie bei etexter bereits ab 179 € inklusive Mehrwertsteuer je Seite. Ein sehr wettbewerbsfähiger Preis, für den unsere Autoren von Recherche bis Lektorat Ihnen sämtliche Arbeitsschritte abnehmen.

Sollten Sie einmal Änderungswünsche haben, ist ein Korrekturlauf ebenfalls bereits im Preis enthalten.

Service von A bis Z: Sie haben Fragen? Dann schreiben Sie uns oder rufen Sie uns an. E-Mails beantworten wir innerhalb weniger Stunden. Telefonisch sind wir rund um die Uhr erreichbar. Und den Status Ihres Auftrages können Sie jederzeit online in Ihrem persönlichen Kundenbereich verfolgen.

Wir würden uns sehr freuen, wenn Sie sich selbst von unseren Leistungen überzeugen: Aufträge können Sie bereits ab einer Seite erteilen. Testen Sie uns und erleben Sie unser Motto „einfach gute Texte" selbst!

Mit besten Grüßen
Ihr etexter Team

Broschüre

Ob Sie nun eine neue Projektbroschüre, Produktbroschüre oder Imagebroschüre erstellen möchten: Jede Broschüre ist ein wichtiges Aushängeschild für Ihr Unternehmen oder Ihren Verband.

Es liegt vor allem an den Texten, ob die Broschüre bei Ihrer Zielgruppe ankommen wird oder nicht. Deshalb konzentrieren wir uns bei etexter auch ganz auf das Erstellen der Texte – für Layout und Druck Ihrer Broschüre gibt es zahlreiche Anbieter. Die eigentliche Herausforderung ist es, einen guten Texter zu finden.

Was macht einen guten Text für eine Broschüre aus? Natürlich: Er muss einfach zu verstehen sein, Kompetenz vermitteln und sich spannend lesen lassen. Doch fast noch wichtiger: Er muss auch zwischen den Zeilen eine Botschaft transportieren.

Hier geht es um nicht weniger als den Erfolg oder Misserfolg Ihrer ganzen Broschüre: Wenn die Botschaft nicht ankommt, bleibt die Broschüre liegen. Deshalb helfen Ihnen die Profis von etexter.

Anhand Ihrer Angaben erarbeiten wir für Ihre Broschüre präzise Texte, die nicht nur den hohen Qualitätsanforderungen von etexter genügen, sondern sich darüber hinaus auch zu einem schlüssigen Gesamtkonzept zusammenfügen.

Dabei berücksichtigen wir die Zielgruppe Ihres Unternehmens, sämtliche Produkte und Projekte sowie Ihre Alleinstellungsmerkmale auf dem Markt. Dies erfordert ein Gespür für Details. Glauben Sie uns: Das kann nicht jeder.

Ob Sie uns nun Ihre gesamte Broschüre texten lassen oder nur einzelne Abschnitte bei uns bestellen, bleibt dabei ganz Ihnen überlassen. In manchen Fällen bietet es sich auch an, eine vorhandene Broschüre behutsam zu überarbeiten und beim Texten mehr Evolution als Revolution zu betreiben.

Broschüre eines Unternehmens

Gerade in einer Zeit, in der wir mit einer Flut von bunten Informationen geradezu überwältigt werden, ist die gut gemachte Broschüre ein nachhaltiges und erfolgreiches Werbemittel. Wie ein Buch – nur kürzer und prägnanter – transportiert sie wichtige und essentielle Informationen eines Unternehmens, eines Vereins oder Verbandes. Sie ist gleichsam eine Visitenkarte, deren Inhalte über die reinen Kontaktinformationen weit (aber nicht zu weit!) hinausgehen.

Eine Broschüre ist oft der erste intensivere Kontakt zum (zukünftigen) Kunden oder Mitglied. Sie stellt ein zentrales Instrument effektiver Öffentlichkeitsarbeit dar und informiert unter anderem über Werte wie die Qualität einer Leistung, das Versprechen eines Nutzens oder wichtige Alleinstellungsmerkmale, die eine Firma oder einen Verband ausmachen.

Damit eine Broschüre „zündet", muss sie eine Reihe von Merkmalen aufweisen. Eines davon ist sicher die auf das Zielpublikum abgestimmte Auswahl von Format und Papierqualität sowie Druck und Bindung oder Heftung.

Dann muss natürlich auch die grafische Gestaltung, Aufteilung und Farbgebung stimmen. Mindestens genauso wichtig sind allerdings zwei entscheidende Komponenten: eine klare Struktur, eine übersichtlich Gliederung und ein nicht allzu umfangreicher Text, der sich auf die wichtigsten Themen konzentriert.

Das können die Geschäftsfelder und Produkte eines Unternehmens sein, die Dienstleistungen eines Verbandes, der Service und die Arbeitsweise eines Vereins. Neben der notwendigen Selbstdarstellung muss natürlich der Nutzen für Kunden und Mitglieder im Vordergrund stehen.

Wenn man Auszeichnungen erhalten hat, sollte man auch diese erwähnen. Eine Darstellung des eigenen Engagements, auch über den eigentlichen Betriebszweck hinaus rundet eine gelungene Darstellung in der Öffentlichkeit ab.

Mit dem Text steht oder fällt der Erfolg einer Broschüre. Er entscheidet letztlich, ob sie „ankommt", in der Erinnerung bleibt und Begeisterung auslöst. Dabei kann man viele Fehler machen: Spreche ich die Sprache meiner Zielgruppe? Ist mein Text zu kurz oder zu lang? Sind alle wichtigen Informationen enthalten? Darüber oder über weitere Aspekte eines gelungenen Textes kann man entweder selbst lange grübeln – oder den Job einer professionellen Textagentur überlassen.

Wir von etexter nehmen Ihnen die oft beschwerliche Arbeit der Formulierung ab: Sie liefern die Inhalte und die Rahmenbedingungen, und professionelle Texter bringen Ihre Informationen auf den Punkt: übersichtlich, strukturiert, prägnant, spannend und mit Herz und Hand am Puls Ihres Zielpublikums.

Die ideale Zuarbeit für Ihren Werbegestalter und die Druckerei, die sich dann ausschließlich auf die eigene Arbeit konzentrieren können. Mit einem Endergebnis, das nicht nur Sie, sondern auch Ihre Kunden bzw. Mitglieder und Interessenten begeistert.

Das gilt nicht nur für Broschüren: auch für Ihre Pressearbeit oder Werbeanschreiben und viele andere Textarten stehen wir Ihnen mit unserem Know-how zur Verfügung!

Buch

Von der persönlichen Biografie des Unternehmers über Sachbücher bis hin zur Firmenhistorie: Die Redakteure von etexter garantieren auch bei umfangreichen Werken höchste Qualität und schnelle Lieferung.

Wichtig für das Gelingen eines Buchprojektes ist zunächst die genaue Planung: Recherche und Texterstellung sind deutlich einfacher, wenn zunächst ein genauer inhaltlicher Rahmen vereinbart wurde.

Als Textdienstleister konzentrieren wir uns auf die Erstellung hervorragend formulierter Kapitel. Auch kurze Sachbücher sind im E-Book Zeitalter für viele Unternehmen eine interessante Option.

Buchkapitel eines Ratgebers

„Viele Wege führen nach Rom", lautet ein bekanntes Sprichwort. Doch unter mindestens ebenso vielen Wegen hat ein Unternehmen oder ein

Verband zu wählen bei dem Vorhaben, sich durch die Erstellung und Herausgabe eines Fachbuches in der Öffentlichkeit zu präsentieren.

Hier sei jedoch dringend zur Vorsicht geraten, denn nicht jede Lösung ist für jeden Auftraggeber gleichermaßen gut geeignet! – Das folgende Kapitel soll verschiedene Möglichkeiten in ihren Vor- und Nachteilen beleuchten und Sie bei der Entscheidung unterstützen, welches Vorgehen für Ihr Unternehmen oder Ihren Verband am besten in Frage kommt.

Größere Firmen ziehen es erfahrungsgemäß gern vor, ein solches Buchprojekt komplett auf den eigenen Schultern zu belassen, indem sie eine entsprechende hausinterne Abteilung einrichten. Dies hat zweifellos den Vorteil der kurzen Wege; um an die benötigten Informationen zu gelangen, bedarf es oft nur weniger Schritte von Tür zu Tür.

Leider wird aber zugleich oft der Fehler begangen, für das Projekt kurzerhand fest angestellte Mitarbeiter abzustellen. Diese mögen in der Materie bestens bewandert sein, jedoch fehlt es hier in der Regel an der nötigen Erfahrung im Verfassen und Formulieren von Texten, was sich wiederum negativ auf die Lesbarkeit des Endresultats auswirkt.

Umgehen ließe sich dieses Problem eventuell durch die zusätzliche Verpflichtung von Experten auf dem Gebiet der Texterstellung, gegebenenfalls auf der Basis freiberuflicher Mitarbeit. Neben den entstehenden Mehrkosten birgt die Bindung einzelner Mitarbeiter an das Unternehmen allerdings auch die Gefahr einer deutlichen Einschränkung der Flexibilität.

Denn: Erweist sich während der Zusammenarbeit, dass es „nicht passt", so muss die Arbeit unterbrochen werden, es bedarf einer neuen Suche und einer weiteren Einarbeitungsphase. Dies kostet den Auftraggeber Zeit, Geld und Nerven.

Als sichere Alternative empfiehlt sich die Zusammenarbeit mit einem externen Anbieter, der auf die Erstellung von Sachtexten spezialisiert ist. Im Idealfall verfügen diese Firmen über einen ganzen Pool an erfahrenen und versierten Textern, Autoren, Journalisten, Übersetzern und Lektoren.

Doch wie überall am Markt sollte auch hier das preisgünstigste Angebot nicht zwangsläufig erste Wahl sein. So wurden in den vergangenen Jahren manche Internet-Plattformen ins Leben gerufen, die mit extrem niedrigen Preisen „pro Wort" locken.

Die Erfüllung hoher Qualitätsstandards oder auch nur eine angemessene berufliche Ausbildung der Autoren wird man bei solchen Anbietern oftmals vergeblich suchen. Eine kurze Umrechnung der Lockangebote auf den zu erwartenden Stundenlohn für die Autoren zeigt schnell, warum.

Fazit: Bei der Erstellung eines Fachbuches handelt es um ein langfristiges Projekt, dessen Resultat für den Herausgeber ähnlich repräsentativ ist wie die sprichwörtliche Visitenkarte. Wenn Sie sich also für die Zusammenarbeit mit einem externen Dienstleister entscheiden, so gehen Sie ein langfristiges Vertrauensverhältnis ein.

Entsprechend umfangreich sollten im Vorfeld verschiedene Kriterien geprüft werden, darunter die Qualifikation der Autoren sowie deren Bereitschaft, sich über einen längeren Zeitraum hinweg zu engagieren und – falls gewünscht – sogar zeitweise oder dauerhaft vor Ort präsent zu sein.

Bestehen Sie in jedem Fall vorab auf einer individuellen Arbeitsprobe, etwa in Form eines Kurztextes nach Ihren Vorgaben! Das lohnt sich auch dann, wenn die Arbeitsprobe etwas kostet. Mit der Verhandlung über das gesamte Projekt sollten Sie erst beginnen, wenn Sie von dem Potenzial des Dienstleisters überzeugt sind. Bedenken Sie, dass gute Qualität selbstverständlich auch ihren Preis hat.

Content

Eine der wichtigsten Grundregeln für erfolgreiche Unternehmen gilt im Internet ganz besonders: Nur Qualität setzt sich durch. Wer seine Firmenwebsite mit billigen, aber fehlerhaften Texten bestückt, bezahlt am Ende teuer dafür.

Deshalb erhalten Sie individuellen Content bei etexter ausschließlich von erfahrenen Redakteuren. Perfekte Texte zu fairen Preisen.

Wir nehmen uns Zeit, über einen Text nachzudenken, bevor wir ihn schreiben: In welchem Umfeld wird der Text erscheinen? Was möchten Sie mit dem Text erreichen? Welchen Mehrwert kann der Text dem Leser bieten? Nur mit der Beantwortung dieser Fragen wird der Content den Erwartungen gerecht.

Über unseren Auftrags-Manager behalten Sie auch bei mehreren parallelen Content-Aufträgen den Überblick und können die fertigen Texte direkt herunterladen. Sie möchten die Pflege Ihres Contents komplett in die Hände von etexter geben? Dann finden wir eine technische Lösung, um den Content direkt auf Ihre Website zu bringen.

Content einer Webseite

Das Schreiben ansprechender Texte erfordert neben inhaltlicher Expertise auch sprachliches Handwerkszeug. So gilt eine wichtige Regel, die ursprünglich dem begrenzten Platz in gedruckten Medien geschuldet war, auch im Internetzeitalter weiter: Knapp und präzise muss ein Text formuliert sein.

Weitschweifige Aufsätze, die bei Adam und Eva ausholen, möchte kein noch so interessierter Leser vorgesetzt bekommen. Im Zeitalter der unbegrenzten Textmengen kommt diesem Grundsatz eine essentielle Bedeutung zu.

Wie schreibt man knapp und präzise? Indem man richtig gewichtet! Der Kern der Botschaft gehört an den Anfang des Textes: Thema und Aussagewunsch müssen klar formuliert sein. Bereits nach wenigen Zeilen entscheidet der Leser, ob und wie gründlich er den Text lesen wird. Natürlich gibt es hier auch legitime „Lockmittel", mit denen diese Entscheidung zugunsten des Textes beeinflusst werden kann.

Überraschende und unerwartete Themen schlagen stets erwartungsgemäße Mitteilungen. Das berühmte Beispiel „Mann beißt Hund" lässt sich durchaus ins Wirtschaftsleben übertragen: „Arbeitnehmer kaufen die eigene Firma" ist so ein Beispiel. Wer mit neuen, unerwarteten und überraschenden Fakten aufwarten kann, sollte diese auch entsprechend in den Vordergrund stellen, um seine Botschaft interessant zu machen. Die Aufmerksamkeit für einen Text steigt hierdurch rapide an.

Auch Superlative lesen sich gut: „Größte Schokoladenfabrik der Welt eröffnet" liest sich erheblich spannender als „neuer Standort vergrößert Produktionskapazitäten". Und wenn es nicht gleich die größte Schokoladenfabrik der Welt ist, handelt es sich bestimmt um die größte Schokoladenfabrik Deutschlands, Bayerns oder des Landkreises?

Neben solchen allgemeinen Faktoren hat der Leser oft auch einen unmittelbaren Bezug zum Text: Ist er Kunde des Unternehmens? Hat er vielleicht sogar die Absicht, die erwähnten Produkte zu kaufen? Je klarer der Bezug durch den Empfängerkreis eines Textes definiert ist, umso wichtiger wird diese Kompetente.

So kann ein Newsletter an die Kunden völlig anders formuliert werden als der allgemein sichtbare Text auf der Unternehmenswebseite. Wer sich bereits für ein Thema oder Produkt interessiert, möchte direkt und umfassend darüber informiert werden. Es ist die Kernaufgabe für jeden Texter, diesen Anspruch umzusetzen.

Hat Ihr Thema eine zeitliche Komponente? Befristete Angebote, Auslaufmodelle, Gewinnspiele und ähnliche Kampagnen setzen den Faktor Zeit meistens bewusst ein. Dagegen spricht zunächst einmal nichts, außer dem gesunden Menschenverstand: Wenn jeder Monat ein „Aktionsmonat" ist, fühlt sich der Kunde mit Recht verschaukelt.

Besonders wichtig ist es, dass die Texte nach Ablauf der Kampagne entfernt werden oder aber von vornherein so formuliert sind, dass sie auch danach noch funktionieren. Eine Sonderaktion bis „April 2013" im Januar 2017 ist nicht nur unschön, sondern sieht im Internetzeitalter schnell nach eingestelltem Geschäftsbetrieb aus. Inhalte können zeitliche Bezüge enthalten, müssen aber immer aktuell gehalten werden.

Allgemeine Faktoren, spezifische Lesererwartungen und die zeitliche Komponente: Wer diese Grundregeln beherzigt, schreibt bessere Texte. Prüfen Sie auch Ihren Texter darauf!

Editorial

Das Editorial für eine Unternehmenszeitung oder Verbandszeitschrift gibt ganz im Wortsinn die Richtung vor. Mancher Konzernchef hat mit seinen Editorials sogar schon Kultstatus erlangt.

Doch auch, wer die leiseren Töne schätzt, sollte für das Texten seines Editorials nicht auf die Unterstützung von Profis verzichten. Denn es steht viel auf dem Spiel.

Die Außenwirkung des Editorials ist enorm. Da der Verfasser in der Regel ein wichtiger Entscheider in dem Unternehmen oder Verband ist, werden seine Texte mit ganz besonderer Aufmerksamkeit gelesen.

Ihre Leser haben auch im gleichen Unternehmen zu vielen Themen sehr unterschiedliche Ansichten.

Ein gutes Editorial ist daher weit mehr als ein Aufsatz zu aktuellen Ereignissen. Ein gutes Editorial behandelt Themen nach ihrer Relevanz und scheut auch bei kontroversen Fragen nicht die klare Meinung.

Dabei geht es keineswegs darum, ein Thema erschöpfend von allen Seiten zu behandeln. Es geht darum, authentisch und nachvollziehbar die eigene Meinung zu begründen.

Die Textprofis von etexter verfassen für Sie ein Editorial, mit dem Sie Kante zeigen. Bei wenigen Textarten ist die eigene Meinung so erlaubt und sogar erwünscht wie bei einem Editorial. Mit unserer Hilfe machen Sie diese Herausforderung zur Chance!

Editorial zum Thema Outsourcing

Liebe Leserin,
lieber Leser,

Outsourcing bleibt ein Megatrend! Gerade Dienstleistungen werden immer häufiger an Spezialisten abgegeben.

Dabei ist auch das Qualitätsmanagement gegenüber ausgelagerten Leistungen zunehmend in den Fokus der Unternehmen gerückt. Ein gutes Beispiel dafür ist das Erstellen von Texten: So bestellen viele Firmen ihre Texte mittlerweile bei externen Anbietern.

Das Auslagern der Texterstellung an erfahrene Partner bietet Ihnen gleich mehrere Vorteile: Zunächst können Kosten gespart werden, da die Akquise eigener, gut ausgebildeter Autoren entfällt. Gute Textagenturen können auf einen Pool professioneller Redakteure zurückgreifen und so konstant hohe Qualität garantieren.

Die Dienstleistung kann nach Bedarf gebucht werden – und das bei äußerst kurzen Lieferzeiten für bestellte Texte. Anhand von Referenzen und Probeaufträgen können Sie sicherstellen, dass Ihnen professionelle Autoren zur Seite gestellt werden, die auch die Anforderungen Ihrer spezifischen Leserschaft optimal erfüllen.

Nicht nur in Bezug auf Rechnungswesen, IT oder Lagerung kann Outsourcing also überaus rentabel sein, auch der Kauf von Texten bei qualitativ hochwertigen Anbietern kann sich lohnen! Zahlreiche verschiedene Textarten werden dabei von den Textagenturen angeboten: Ob Broschüre, Briefe, Fachartikel oder Editorial – spezialisierte und erfahrene Autoren kennen die Ansprüche Ihrer Leserschaft und können Ihnen somit optimal abgestimmte Ergebnisse liefern.

Ein fachlich guter Inhalt macht nur etwa die Hälfte eines gelungenen Textes aus, die andere Hälfte definiert sich hingegen vor allem durch seine attraktive sprachliche Gestaltung! Verständliche Formulierungen, korrekte Rechtschreibung und Grammatik sowie ansprechende Textelemente sind wichtig, um das Interesse des Lesers am Text zu wecken und auch zu halten.

Von besonders großer Bedeutung ist zudem die richtige Ansprache gegenüber den einzelnen Kommunikationsgruppen: Kunden, Geschäftspartner oder auch die Öffentlichkeit: Sie alle haben unterschiedliche Kommunikationsbedürfnisse.

Der jeweils angemessene Sprachstil sollte daher auch bei Ihren Texten berücksichtigt werden – eine Voraussetzung, die nur erfahrene Redakteure optimal erfüllen können. Dabei bietet das Auslagern der Texterstellung für Unternehmen in jeder Branche klare Vorzüge. Unabhängig davon, welches Produkt Sie anbieten, erhalten Sie immer einen passgenauen Text. Sie liefern die Expertise zu Ihrem Angebot – die externen Autoren haben das Know-how für die richtige „Verpackung" Ihrer Informationen.

Diese Zusammenarbeit wissen auch Ihre Kunden und Geschäftspartner zu schätzen, denn professionell verfasste Texte werden meist deutlich eher gelesen. Ob Werbetext, Pressemitteilung, Buch oder Fachartikel – spezialisierte Autoren berücksichtigen Ihre Ziele und setzen diese in allen Texten angemessen um.

Der Trend ist eindeutig: Unternehmen sind heute keine „Allrounder" mehr, sondern fokussieren sich zunehmend auf ihr Kerngeschäft, das mitunter aus einem einzigen Arbeitsschritt in der Wertschöpfungskette besteht. Diesen jedoch führen sie qualitativ sehr hochwertig und ökonomisch besonders rentabel aus.

Auch in Bezug auf die Texterstellung gilt daher heute: Passgenau zu jedem Anlass und Thema Ihres Unternehmens, können Sie sich einfach und schnell den richtigen Text bestellen. Achten Sie dabei allerdings darauf, dass es sich um einen etablierten Anbieter handelt, denn nur so kann sichergestellt werden, dass vertrauenswürdige und erfahrene Autoren Ihre Informationen mit optimalem Ergebnis zu Papier bringen.

Fachartikel

Sie kennen sich auf Ihrem Gebiet besonders gut aus. Deshalb möchten Sie einen Fachartikel schreiben. Doch wie bringt man die fachliche Expertise auch sprachlich adäquat zu Papier?

Auch wir kennen uns auf unserem Gebiet besonders gut aus: Dem Verfassen von erstklassigen Texten. Das passt gut zusammen, finden Sie? Das finden wir auch!

Sie konzentrieren sich auf das, was Sie am besten können: Die Bereitstellung von Fachinformationen. Wir machen daraus einen Text, der weit mehr ist als nur fehlerfrei und gut lesbar: Wir machen daraus eine spannende Geschichte, die den Leser packt und für das Thema begeistert. Das gelingt uns, weil für etexter erfahrene Redakteure schreiben.

Zunächst erarbeiten wir gemeinsam mit Ihnen die Zielsetzung für den Text: Möchten Sie neue Forschungsergebnisse kurz und bündig vorstellen? Oder möchten Sie sich in einem längeren Aufsatz mit wichtigen Fachthemen ausführlich auseinandersetzen? Wer sind Ihre Leser und welche Erwartungen haben sie?

Im nächsten Schritt prüfen unsere Autoren, ob uns alle inhaltlichen Ergebnisse und Angaben von Ihnen vorliegen, die wir zum Verfassen des Fachartikels benötigen. Wir erstellen eine Struktur für den Artikel. Dann schreiben wir Ihren individuellen Text. Auf Wunsch auch in englischer Sprache.

Fachartikel über Unternehmenskommunikation

Webseiten, Newsletter, Social Media: Ein modernes Unternehmen kommuniziert im Internet-Zeitalter mehr denn je mit seinen Kunden und Geschäftspartnern – über eine Vielzahl von Texten. Diese sollen Aufmerksamkeit gewinnen, informieren, zum Kauf animieren und potenzielle Geschäftspartner überzeugen. Entsprechend müssen alle Texte das Unternehmen angemessen nach außen repräsentieren. Doch zu einem guten Unternehmenstext gehört weit mehr, als nur fehlerlose Rechtschreibung und Grammatik.

Wenn ein Unternehmen seine Kunden und Geschäftspartner mit den richtigen Texten überzeugen will, ist zunächst eine gute Lesbarkeit gefragt. Lange Schachtelsätze, unbekannte Fachbegriffe und unklare Textstellen gilt es zu vermeiden. Logisch gegliederte, einfache und ansprechende Formulierungen sind hingegen gefragt. Darüber hinaus sollte der Text auf prägnante Weise alle Informationen zur Sprache bringen, die der Kunde für seine Kaufentscheidung oder der zukünftige Vertragspartner für die Entscheidung zur Kooperation benötigt.

Aus dem Kunden-Marketing ist das AIDA-Modell bekannt, nach welchem auch Unternehmenstexte erfolgreich gegliedert werden können: Attention - Interest - Desire - Action, so die klassische Vierteilung der Kommunikation mit potentiellen Käufern. Zunächst sollte der Text also Aufmerksamkeit erreichen, den Kunden „fangen". Dies kann über die sprachliche Gestaltung oder über Inhalte erfolgen.

Hierfür ist es entscheidend zu wissen, was Ihr Unternehmen einzigartig macht, denn es sind vor allem besondere Alleinstellungsmerkmale, die Aufmerksamkeit erzeugen. Um das Interesse des Lesers zu wecken, empfiehlt es sich, gleich zu Beginn die wirklich relevanten – und nur diese! – Informationen über Ihr Produkt und Ihr Unternehmen für Ihre Kunden in den Mittelpunkt zu stellen.

Ist der Leser informiert, geht es für ein Unternehmen darum, bei seinem Kunden ein Bedürfnis zu wecken. Ein Bedürfnis zum Kauf, zur Empfehlung oder zur weiteren Auseinandersetzung mit dem Unternehmen.

Wodurch also zeichnet sich Ihr Angebot aus? Was sind die wichtigsten Vorteile für Ihre Kunden? – Ihr Text sollte solche Fragen umfassend beantworten.

Der letzte Teil eines gelungenen Textes liegt nun noch in der Aufforderung zur Handlung: In klar formulierten Sätzen gilt es, Ihrem Kunden aufzuzeigen, wo es das Produkt zu kaufen gibt und wie er Kontakt zu Ihnen aufnehmen kann – auf möglichst einfachem Wege. Ein guter Text zeichnet sich am Ende vor allem dadurch aus, dass Ihr Kunde ihn gerne gelesen hat.

Doch auch für Lieferanten und Geschäftspartner bildet eine gelungene Unternehmenskommunikation die Grundlage für eine langfristige, funktionierende Zusammenarbeit und beidseitigen Erfolg.

Hierbei ist es von besonderer Bedeutung, missverständliche Formulierungen zu vermeiden. Eindeutigkeit und Klarheit zeichnen gelungene Texte aus, die dabei Ihre Vertragspartner umfassend, korrekt, aktuell und auf angemessene Weise informieren.

Gute und überzeugende Unternehmenstexte zeichnen sich nicht nur durch die notwendige Fach-Expertise aus, auch das ansprechende Formulieren der Informationen will gelernt sein. Der Rückgriff auf professionelle Autoren kann Ihnen dabei helfen, Ihre Unternehmenstexte wirkungsvoll zu gestalten.

Gastbeitrag

Von Ihnen wird ein Gastbeitrag gewünscht. Das ist eine Ehre - und zugleich eine Herausforderung: Natürlich soll Ihr Text nicht nur auf fachlicher Ebene überzeugen, sondern auch sprachlich.

Mit unserer Hilfe bleibt Ihr Gastbeitrag positiv in Erinnerung. Wir sorgen dafür, dass der Text optimal in die Publikation passt, für die er vorgesehen ist. Auf Wunsch schreiben wir Ihren Gastbeitrag auch in englischer Sprache. Schon in 48 Stunden können Sie Ihren Text in Händen halten.

Wir übernehmen für Sie selbstverständlich auch die Recherche von Hintergrundinformationen und Zitaten. Denn ein guter Gastbeitrag lebt von seiner Einbettung in die aktuellen Ereignisse.

Gastbeitrag zum Thema Online-Shopping

Wer eine Ware oder Dienstleistung anzubieten hat, wird heute um das Internet nicht mehr herumkommen, wenn er langfristig Erfolg haben will. Das zeigt allein schon die stetig ansteigende Anzahl von Online-Shops. Denn längst nutzen nicht nur die Giganten wie Amazon oder Zalando den digitalen Vertriebsweg.

Auch kleine und mittelständische Handelsbetriebe profitieren mittlerweile vom Onlineshop als zweitem Frontend und POS. Von der Idee bis zum vorzeigbaren Shop ist es oft ein langer und nervenaufreibender Weg, denn neben der Warenpflege und der Technik im Hintergrund gilt es obendrein, den zukünftigen Kunden mit den richtigen Texten zu überzeugen.

Neben Abbildungen und Produktvideos ist das geschriebene Wort einer der tragenden Pfeiler des erfolgreichen Onlineshops. Einleitungs- und Begrüßungstexte, Erklärungen, Hilfetexte und nicht zuletzt die Produktbeschreibungen sind die wichtigsten Mittel der Kommunikation mit dem Shopbesucher. Sie sollen auf der einen Seite seriös sein und Kompetenz vermitteln, müssen aber auf der anderen Seite auch zum Kauf animieren.

Auch hier gilt: der Köder muss dem Fisch schmecken, nicht dem Angler. Dazu gehört besonders im Bereich technischer Produkte die Vermeidung einer allzu fachspezifischen Sprache. Denn den Kunden interessieren die Produktfeatures nur sekundär. Viel wichtiger ist ihm, was er mit dem Gegenstand machen kann.

So ist es kaum zielführend, ausschließlich darauf zu pochen, dass ein neuartiger Hammer über einen Kopf aus mehrfach gehärtetem Stahl besteht, an einem Stiel aus hochmodernem kohlefaserverstärktem Kunststoff, zusammengehalten durch eine Kombination aus Klammerung und Verbundklebstoff.

Viel besser kommt beim Kunden an, dass dieser Hammer sehr lange halten wird. Für die extrem technophile Klientel kann man dann immer noch den Materialmix ins Kleingedruckte packen.

Klar ist: Gerade beim Online-Shop steht und fällt der Verkaufserfolg zu einem großen Teil mit dem „richtigen" Text an der richtigen Stelle. Aber genau damit tut sich die Mehrheit besonders der kleineren Shopbetreiber zuweilen recht schwer.

Das ist kein Wunder, denn nicht jeder Fachmann auf seinem Gebiet spricht auch die Sprache seiner Zielgruppe. Darum greift man auch auf diesem Feld gern auf einen externen Dienstleister zurück, der die notwendigen Texte formulieren soll.

Aber schon bei der Auswahl des Texters lauern die ersten Fallstricke. Nimmt man den billigsten Anbieter, ist das Ergebnis oft entsprechend. Das an dieser Stelle gesparte Geld büßt man in Form von unbefriedigenden Umsatzzahlen gleich mehrfach wieder ein.

Ein seriöser Textservice – und das gilt natürlich nicht nur im Bereich der Online-Shops - geht auf seinen Kunden individuell ein, arbeitet bei der

Texterstellung eng mit ihm zusammen und kann in der Regel auf reichhaltige Erfahrung bauen, die durch entsprechende Referenzen auch nachgewiesen werden kann.

Das hat zwar seinen Preis, wird sich aber schnell in Form von Verkaufserfolgen niederschlagen und bezahlt machen.

Handbuch

Es gibt nur wenige Textarten, die so polarisieren wie Handbücher. Jeder hatte schon mal ein Handbuch in der Hand, das mehr mit unfreiwillig komischen Übersetzungsfehlern gespickt war, als dass es einem weiter geholfen hätte.

Doch auch die Muttersprachler unter den Ingenieuren bringen nicht selten Formulierungen zu Stande, die jede Stilblütensammlung bereichern würden.

Wir sorgen mit einer klaren, ansprechenden Sprache dafür, dass Ihre Kunden gern zum Handbuch greifen. Unsere Redakteure verwenden größte Sorgfalt darauf, dass es inhaltlich nicht zu Missverständnissen kommt.

Schließlich nützt ein Handbuch nur dem, der es auch versteht. Selbstverständlich können Sie Ihr Handbuch bei uns auch auf Englisch erhalten.

Gerade für innovative Unternehmen ist es wichtig, Handbücher auch in kurzer Zeit publizieren zu können. Mit Lieferzeiten von gerade einmal 48 Stunden machen wir fast jedes Vorhaben möglich.

Bestellen Sie Ihr Handbuch einfach im Auftrags-Manager und fügen Sie Ihre Materialien als Dateien hinzu. Bei etexter erhalten Sie in kürzester Zeit Texte, die höchsten Ansprüchen genügen. Damit Ihr Handbuch auch gelesen wird!

Handbuch einer Textagentur

Machen Sie Schluss mit Kauderwelsch und Fachchinesisch: etexter schreibt für Ihr Unternehmen Bedienungsanleitungen der neuen Generation! Mit unserer Hilfe gestalten Sie Ihre Begleittexte fehlerfrei, verständlich und ansprechend!

Die Qualität von Bedienungsanleitungen ist ein leidiges Thema für viele Hersteller. So vertritt etwa die Industrie- und Handelskammer den Standpunkt, eine Bedienungsanleitung sei Bestandteil des Produktes und bedürfe derselben Aufmerksamkeit und derselben Qualitätskriterien.

Darüber hinaus kann eine allzu nachlässig übersetzte oder umständlich formulierte Gebrauchsanweisung auch juristische Konsequenzen haben. Ist eine Bedienungsanleitung fehlerhaft oder unverständlich und kommt es daraufhin wegen falscher Handhabung des Produktes zu einem Schaden, so besteht das Risiko, dass der Hersteller oder der Vertrieb im Sinne des § 434 BGB (Sachmangel) schadensersatzpflichtig wird.

Ganz davon abgesehen kann auch der mit einer schlechten Bedienungsanleitung verbundene Imageverlust nachhaltigen Schaden verursachen, zumal die Gefahr besteht, dass Negativbeispiele dauerhaft den Weg ins Internet finden – mitsamt Produktbezeichnung und Herstellernamen!

Eine gute Gebrauchsanweisung muss verschiedene Kriterien erfüllen, wobei die Verständlichkeit im Vordergrund steht. Dazu ist ein klarer, einfacher Sprachstil erforderlich. Die einzelnen Sätze sollten kurz und prägnant sein.

Der Inhalt sollte ausschließlich dem Zweck der Unterweisung dienen. Fach- und Spezialbegriffe müssen erläutert bzw. nach Möglichkeit ganz weggelassen werden. Vermieden werden sollten auch Fremdwörter. Bei manchen Produkten ist es sinnvoll, die schriftlichen Angaben zusätzlich durch ergänzende Illustrationen zu verdeutlichen.

Dies ist vor allem dann hilfreich, wenn der Kunde das Produkt komplett oder teilweise selbst zusammenbauen soll. Bei komplexeren Produkten sollte der Anleitung eine grafische Darstellung vorangestellt werden, in welcher die einzelnen Bestandteile des Produkts benannt und gegebenenfalls mit einer Kurzbeschreibung ihrer Funktion versehen werden.

Diese Übersicht kann als einzelnes Blatt oder als ausklappbare Doppelseite im Handbuch enthalten sein, so dass der Nutzer parallel zur Durchsicht der Anleitung darauf zugreift.

Eine wichtige Voraussetzung ist außerdem der logische Aufbau der Anleitung. So bietet es sich bei technischen Geräten an, den Nutzer zunächst in die Grundfunktionen einzuweisen und auf die Details erst in späteren Kapiteln einzugehen.

Die Einhaltung dieser Standards erfordert einen hohen redaktionellen Aufwand. Hier können wir Sie als professionelle Textagentur unterstützen! Wir erstellen für Ihr Produkt ein Handbuch, das bei Ihren Kunden keine Fragen mehr offen lässt. Sie liefern die Fakten – wir die verständliche Formulierung.

Katalog

Wie oft wurde schon das Ende des Katalogs ausgerufen? Dabei ist das glatte Gegenteil der Fall: Kataloge erleben im Online-Handel eine Renaissance, weil die Beschreibung der Produkte umso wichtiger wird, wenn der Käufer das Produkt nicht vor Ort ansehen kann. Mit guten Katalog-Texten steigern Sie unmittelbar Ihren Umsatz.

Viele Kataloge klingen heute wie ein schlechtes Werbeblatt. Doch es ist mehr als ein simpler Kauf-Aufruf erforderlich, um Interessenten und Kunden für ein Produkt und ein Unternehmen zu interessieren. Die Ansprüche sind hoch.

Ein guter Katalog hat eine Haltung. Das kann beispielsweise eine eigene Bildsprache sein. In jedem Fall besticht er durch eigenständige Texte, die auch abseits der normalen Verkaufsbotschaft einen Mehrwert bieten.

Für etexter arbeiten ausschließlich erfahrene Redakteure. Wir wissen, wie man gute Artikel schreibt. Und wir haben ein Faible für gute Geschichten.

Unsere Autoren können Ihre Produkte in Geschichten und Reportagen verwandeln, die den Leser packen. Daran können Sie aktiv mitwirken: Schicken Sie uns einfach eigene Erfahrungen und Anekdoten, die Ihr Unternehmen oder Produkt lebendig machen.

Natürlich verfassen wir für Sie auch klassische Produktbeschreibungen und Katalog-Texte. Aber wir werden auch versuchen, Sie für neue Ideen zu begeistern.

In Katalogen und Produktbeschreibungen häufig noch ungeahntes Potenzial. Mit etexter nutzen Sie es!

Katalog eines Dienstleisters

„Du bekommst keine zweite Chance, um einen ersten Eindruck zu hinterlassen." (US-Werbeslogan)

Ob digital im Internet oder als gedruckte Postwurfsendung: Oft stellt ein Warenkatalog die erste Begegnung potenzieller Kunden mit Ihrem Unternehmen dar und dient auf diese Weise als eine Art Visitenkarte. Umso größer ist die Notwendigkeit, Ihr Angebot möglichst ansprechend zu präsentieren. Denn die Qualität Ihres Katalogs hat ihren entscheidenden Anteil daran, ob ein Interessent zum Kunden wird!

Ein perfekter Katalog braucht mehrere Zutaten: Er bedarf eines versierten Werbefotografen, der Ihre Angebotspalette ins rechte Licht rückt, er bedarf einer ansprechenden Gestaltung und er bedarf einer

Druckerei Ihres Vertrauens für die saubere Endfertigung der Print-Ausgabe.

All dies sind wichtige Maßnahmen zur Kundengewinnung. Und dennoch: Trotz schicker Bilder und durchgestylter Aufmachung kann die Gefahr bestehen, dass der erhoffte Erfolg einer Werbebotschaft ausbleibt! Woran liegt das?

Häufig ist es darauf zurückzuführen, dass die Qualität der Texte, die sich an den Leser wenden und die angebotenen Artikel beschreiben, hinter dem Niveau der übrigen Katalog-Ausstattung zurückbleibt.

Jedoch: Wer an der sprachlichen Ausgestaltung spart, spart am falschen Ende! Denn der Kunde legt ebenso viel Wert auf ein gutes Wort wie auf ein gutes Bild!

In diesem Punkt können und wollen wir Ihnen mit unserem Angebot weiterhelfen! Nach Ihren Vorgaben sorgen unsere erfahrenen Texter für das richtige Wort am richtigen Ort – individuell zugeschnitten sowohl auf Ihr Anliegen als auch auf Ihre Zielgruppe!

Es kann ein Katalogtext sein, eine Werbebroschüre oder ein Rundschreiben: Wann immer der richtige Text gefragt ist, um die Kunden von Ihren Produkten zu überzeugen, sind Sie bei uns an der richtigen Adresse!

Als professionelle Textagentur stellen wir unser Potenzial Ihrer Firma oder Ihrem Verband gern zur Verfügung. Alle Aufgaben rund um dic richtige Formulierung erledigen wir zeitnah und passgenau.

Probieren Sie es aus und erleben Sie unser Motto: www.etexter.de – einfach gute Texte.

Newsletter

Newsletter sind seit über zwei Jahrzehnten ein unverzichtbarer Kommunikationskanal zu Kunden, Mitgliedern und Interessenten. Wer beim Verfassen des Newsletters einige wichtige Grundregeln beherzigt, wird damit deutlich mehr Erfolg bei seiner Zielgruppe haben.

Zunächst einmal stehen Sie bei einem Newsletter wie bei jedem Verteiler vor der Herausforderung, eine heterogene Leserschaft nur mit solchen Themen anzusprechen, die für alle gleichermaßen von Interesse sind. Keine leichte Aufgabe.

Häufig wird für Kunden und Interessenten ein gemeinsamer Newsletter mit dem gleichen Text herausgegeben. Entsprechend groß muss dann die inhaltliche Schnittmenge sein.

Anhand Ihrer Angaben über die Empfänger des Newsletters sowie den gewünschten Inhalt erstellen wir die Texte. Dabei steht, wie immer bei unserem Team aus erfahrenen Redakteuren, die Qualität an erster Stelle.

Auch Texte, die per E-Mail verschickt werden, müssen in Bezug auf Fachkompetenz und Lesbarkeit den höchsten Ansprüchen genügen.

Sie geben regelmäßig einen Newsletter heraus? Dann profitieren Sie von unserem Auftrags-Manager zur besseren Übersicht bei parallelen Aufträgen und unserer stets pünktlichen Lieferung.

Sie benötigen einen Newsletter auf Englisch? Auch dann sind Sie bei uns richtig!

Newsletter eines Kommunikationsberaters

Der Newsletter ist ein erstaunlich naher Verwandter des guten alten Rundschreibens. Absender kann eine Behörde, ein Verein und natürlich ein Unternehmen sein. Anders als bei der Pressemitteilung geht der Newsletter direkt an Kunden, Mitglieder oder Interessenten, um sie mehr oder weniger regelmäßig über Neues auf dem Laufenden zu halten. Ursprünglich bestand eine solche Publikation aus einem Printobjekt mit einigen wenigen Seiten. Das hat sich heute gründlich geändert.

Bei Vereinen und Firmen ist der Newsletter die zeitgemäße Form einer Mitglieder- oder Kundenzeitschrift. Zumindest im Idealfall, denn Newsletter ist nicht gleich Newsletter. So kann man ihn in Form eines bezahlten Dienstes zum Beispiel ausschließlich an einen Kreis von Abonnenten versenden, welche die darin verbreiteten Informationen als geldwerten Nutzen sehen.

Newsletter, für die man sich gratis registrieren kann, werden in aller Regel neben knappen oder im Einzelfall auch ausführlicheren Informationen vor allem Werbung als unvermeidlichen Bestandteil enthalten. Im schlimmsten Fall ist es nur eine reine Werbemail, die fast gar keine relevanten Informationen enthält.

Ein gut gemachter Newsletter ist eines der besten Instrumente für die nachhaltige Kundenbindung. Die Verteilung findet heute fast nur noch per E-Mail statt. Die Formen können verschieden sein. Es gibt die einfache „Nur-Text"-Mail oder aber den Newsletter im HTML-Format, der wie eine Webseite auch Bilder und andere Multimedia-Elemente enthalten kann.

Eine weitere Möglichkeit ist der Versand einer PDF-Datei, die der E-Mail als Anhang beigefügt wird. Dies hat den Vorteil, dass der Inhalt im richtigen Layout betrachtet und ausgedruckt werden kann.

Allen drei Arten ist gemeinsam, dass für den Empfänger die Möglichkeit der unmittelbaren Interaktion gegeben ist, etwa in Form einer Verlinkung zu einer Umfrage, weiterführenden Informationen oder einer Bestellmöglichkeit bei Online-Shops. Ein Newsletter funktioniert beim Empfänger nur dann, wenn dieser ihn auch wirklich lesen möchte.

Dazu müssen die Texte relevante Informationen enthalten, die so interessant aufbereitet sind, dass das Lesen Freude macht. Gerade hier ist es wichtig, die Sprache der jeweiligen Zielgruppe zu sprechen, um die drei wichtigsten Ergebnisse zu erreichen: mehr Präsenz, mehr Sympathie, mehr Umsatz. Der Schlüssel dazu ist in erster Linie die richtige Formulierung, verbunden mit einer passenden und Aufmerksamkeit erregenden Betreffzeile.

Kaum ein elektronischer Posteingang, der nicht jeden Tag von einer Flut von Werbemails bis zum Überlauf verstopft wird. Aus diesem Strom muss Ihr Newsletter herausragen, um überhaupt wahrgenommen zu werden. Neben der Headline muss auch der folgende Text so verfasst sein, dass er den Leser im besten Fall fesselt, den Interessenten zur Aktion veranlasst und den Kunden weiter an Sie bindet.

etexter schreibt Ihren Newslettertext nach Ihren Angaben und in der Sprache Ihrer Zielgruppe, damit Sie dort auch ankommen, und das im besten Sinne. Sie müssen den fertigen Text dann nur noch in Ihr Newsletter-Format einbinden und abschicken – in der beruhigenden Gewissheit, den richtigen Ton getroffen zu haben. Das gilt natürlich auch für alle anderen Texte, die Sie für Ihre Kommunikationsstrategie benötigen.

Präsentation

Sie möchten eine Präsentation halten, die Ihre Zuhörer von Ihren Vorschlägen und Konzepten überzeugt. Dafür haben Sie viel Aufwand betrieben, eine grafisch und technisch versierte Präsentation erstellt.
Und der Text? Der kommt leider häufig erst an letzter Stelle. Zu Unrecht, denn nur eine gut getextete Präsentation wird auch erfolgreich sein.

Deshalb formulieren bei etexter ausschließlich erfahrene Redakteure die individuellen Texte für Ihre Präsentation. Wir wissen, wie wichtig jedes einzelne Wort für den Erfolg Ihres Vortrags ist.

Das technische Layout der Präsentation können Sie mit unseren Texten entweder selbst vornehmen oder einem entsprechenden Dienstleister überlassen. Reichen nicht auch Stichworte für eine gelungene Präsentation? Die Antwort lautet: Ja und nein.

Natürlich ist der freie Vortrag dem reinen Ablesen vom Blatt oder der Präsentationsgrafik vorzuziehen. Doch Profis wissen: Kein freier Vortrag ohne schriftliche Grundlage!

Denn die Formulierung Ihres Konzepts sollte nicht aus der Situation heraus erfolgen, sondern gründlich vorbereitet sein. So laufen Sie nicht Gefahr, den Faden zu verlieren und Spontanität beim Vortrag bleibt immer noch möglich.

Präsentation eines PR-Beraters

Wann immer es gilt, einer größeren Gruppe von Menschen neues Wissen und stichhaltige Argumente nahe zu bringen, bietet sich die strukturierte Form der Präsentation an.

Wir verstehen unter einer Präsentation weitaus mehr als nur das klassische Szenario eines bildgestützten Vortrags im Konferenzraum, im Vereinshaus oder in einem größeren Saal.

Denn auch andere Medien können durchaus den Charakter einer Präsentation aufweisen – beispielsweise ein Katalog, eine Broschüre oder ein Verkaufsprospekt.

Als Mitarbeiter eines Unternehmens überzeugen Sie mit einer gelungenen Firmenpräsentation von Ihren innovativen Geschäftsideen und mit einer gelungenen Produktpräsentation von der hohen Qualität Ihrer Erzeugnisse!

Beeindrucken Sie Ihre Zuhörerschaft mit einer klar und verständlich dargelegten Marketing-Strategie und gewinnen Sie auf diese Weise die Zustimmung potenzieller Investoren und Kunden!

Auch wenn Sie einen Verein oder einen Verband vertreten, sind Sie mit einem professionell gestalteten Auftritt klar im Vorteil! Denn hier gilt es, Unterstützern und der Öffentlichkeit die Themen und Ziele Ihrer Organisation zu vermitteln.

Ebenso hilfreich ist eine gute Präsentation bei vereinsinternen Auftritten. Anlässlich einer Vereinssitzung oder einer Versammlung machen Sie die Mitglieder mit aktuellen Projekten vertraut, wobei Sie auch komplexe Sachverhalte allgemein verständlich auf den Punkt bringen.

Als Kandidat einer politischen Partei hilft Ihnen eine professionelle Präsentation dabei, die Köpfe und Herzen Ihrer Zuhörer zu erreichen. Auf diese Weise gelingt es Ihnen auch, Wähler von Ihrem Programm zu überzeugen und neue Mitglieder sowie Unterstützer für Ihre Partei zu gewinnen.

Die Königsklasse ist das Fundraising! Die Aufgabe besteht hierbei darin, Menschen sachlich und mit guten Argumenten davon zu überzeugen, dass sie sinnvolle Projekte und Maßnahmen mit einer Spende unterstützen können. Eine weitere Herausforderung ist es, den Spendenaufruf darüber hinaus auch sprachlich ansprechend zu formulieren.

Wir schreiben Ihnen zu jedem Anlass den optimalen Präsentationstext – individuell auf Ihr Anliegen und Ihre Zielsetzung zugeschnitten! Dank unserer langjährigen Erfahrung auf dem Gebiet der Texterstellung wissen wir genau, worauf es bei einer gelungenen und wirksamen Präsentation ankommt. Nach Ihren Vorgaben sorgen wir für den optimalen Text. Damit Ihre Präsentation ein voller Erfolg wird!

PR-Text

Ein guter PR-Text muss vor allem transparent und ehrlich sein. Niemand möchte eine Lobhudelei auf ein Produkt oder Unternehmen lesen, die vor übertriebener Begeisterung unfreiwillig komisch wirkt. Die

Botschaft muss überzeugend transportiert werden und der Text muss dennoch eine zweite, fast noch wichtigere Ebene besitzen. Nur, wenn ein PR-Text tatsächlich nützliche und objektiv zutreffende Informationen enthält, hat er für den Leser einen Mehrwert. Hier kommt es in größeren Firmen häufig zu Konflikten zwischen den Textern und dem Marketing.

PR-Texte sind immer eine Gratwanderung zwischen kreativer Freiheit und den strengen Vorgaben der Unternehmenskommunikation. Als externe Textprofis können unsere Autoren ein Ausweg aus diesem Dilemma sein. Wir prüfen anhand Ihrer Vorgaben sorgfältig, was geht und was nicht. Und wenn wir einen PR-Text schreiben, prüfen wir jeden Absatz auf den Mehrwert für den Leser. Denn ein Text, der dem Leser nichts bringt, bringt auch Ihrem Unternehmen nichts.

PR-Text einer Textagentur

In mittleren und größeren Unternehmen sind verschiedene Abteilungen mit dem Schreiben von Texten befasst, die fast alle in den Bereich Unternehmenskommunikation fallen. Dies ist auch völlig in Ordnung, schließlich kann man die tägliche Beantwortung einzelner Anfragen im Kundenservice kaum der Kommunikationsabteilung zumuten.

Jedoch sollte jedes Unternehmen versuchen, die wichtigsten Unique Selling Points in seiner gesamten Kommunikation zu transportieren. Dazu müssen zunächst wichtige Fragen beantwortet werden: Welche einzigartigen Verkaufsversprechen sollen in der Kommunikation immer wieder auftauchen? Wie lassen sich diese angemessen für verschiedene Textarten formulieren?

Es geht dabei nicht um eine Art „PS"-Zeile hinter jedem Text nach dem Motto: „Übrigens, unsere Produkte sind mit vielseitigem Zubehör erweiterbar." Die Aufgabe liegt vielmehr darin, den Unique Selling Point in die Kommunikation aller Abteilungen zu integrieren. Nicht nur in Werbeanzeigen und bei Mailings sollte die Botschaft vorkommen, auch bei der Beantwortung von Kundenanfragen oder in Social-Media Nachrichten des Unternehmens kann man sie adäquat formulieren.

Ein Beispiel für eine E-Mail Beantwortung durch den Kundenservice. Der Unique Selling Point wird im zweiten Satz transportiert: „Vielen Dank für Ihre Nachricht zum Produkt X. Durch die einfache Erweiterbarkeit mit über 100 Zubehörartikeln ist das Produkt X führend in seiner Klasse. Gern schicken wir Ihnen das angefragte Zubehör Y. Sollten Sie später einmal einen anderen Zubehörartikel benötigen, sind wir jederzeit gerne wieder für Sie da."

Ein Beispiel für eine Social-Media-Nachricht des Unternehmens: „Neuer Rekord bei Anfragen für das Produkt X. Kein Wunder: Mit über 100 Artikeln bietet das Produkt X mehr Erweiterungsmöglichkeiten als jedes andere Produkt seiner Klasse. Wir werden uns auch weiterhin dafür einsetzen, Ihre Wünsche bestmöglich zu erfüllen!"

Die Kunst besteht darin, den Unique Selling Point angemessen zum inhaltlichen Umfeld zu transportieren. Die Formulierung für die einzelnen Textarten und Firmenbereiche ist eine Aufgabe für Profis.

Die Abteilung Unternehmenskommunikation oder eine spezialisierte Textagentur wie www.etexter.de können diese einmalige Aufgabe übernehmen. Sind die Weichen gestellt, läuft der regelmäßige Einsatz der passenden Texte im Unternehmensalltag meist automatisch.

Jedoch sollte gelegentlich anhand von Stichproben in allen Kommunikationskanälen die richtige Anwendung der Kernbotschaften überprüft werden. Ihre Einbettung muss stets organisch erfolgen und sollte nie der eingangs beschriebenen „PS"-Zeile gleichen. Richtig angewendet werden sprachliche Kernbotschaften zu mächtigen Werbeträgern Ihres Unternehmens.

Pressemitteilung

Wie formuliert man eine Pressemitteilung, die das Interesse der Redaktionen weckt? Welchen Umfang und sprachlichen Duktus sollte ein Text haben, der von Journalisten gelesen wird? Welche Informationen gehören in eine Pressemitteilung?

Mit der Beantwortung dieser und vieler weiterer Fragen setzen wir uns schon vor dem eigentlichen Schreiben Ihrer Pressemitteilung intensiv auseinander. Denn es ist sehr wichtig, diese Punkte individuell für jede einzelne Pressemitteilung zu klären. Gute Pressemitteilungen wecken Interesse, schlechte landen im Papierkorb.

Nicht selten werden Pressemitteilungen verschickt, obwohl es eigentlich gar nichts mitzuteilen gibt. Frei nach dem Motto: „Wir müssen uns doch in Erinnerung rufen." Dass das nicht funktionieren kann, versteht sich von selbst. Denn die Leser haben es von der Pike auf gelernt, echte Neuigkeiten von Pseudo-Neuigkeiten zu unterscheiden.

Damit sind wir bei der wichtigsten Frage, die Sie sich selbst stellen müssen, bevor wir mit dem Verfassen Ihrer Pressemitteilung beginnen: Was ist die Neuigkeit und warum soll sich die Öffentlichkeit dafür interessieren?

Mit Ihrer Antwort auf diese Frage und Ihren inhaltlichen Angaben werden wir dann eine Pressemitteilung schreiben, die sich von der alltäglichen Flut solcher Texte durch zwei Punkte abhebt: Klarheit und Seriosität. Denn nichts mögen Redakteure weniger als eine von gespielter Begeisterung und unechten Superlativen durchsetzte PR-Sprache.

Wer dagegen in einfachen Sätzen klar und aufrichtig beschreibt, was ihn warum antreibt und zu welchen Ergebnissen das geführt hat, darf sich der wohlwollenden Aufmerksamkeit seiner Leser sicher sein. Unternehmen sollen keine Märchen erzählen, sondern Geschichten. Dabei helfen wir Ihnen gern!

Pressemitteilungen richtig schreiben

Die Pressemitteilung ist mit Recht eines der meistgenutzten Instrumente einer erfolgreichen Öffentlichkeitsarbeit. Ist sie doch im Idealfall ein sehr günstiges Mittel, um Neuigkeiten, Veränderungen, Personalien und andere mitteilenswerte Fakten einer breiten Öffentlichkeit kund zu tun, unabhängig davon, ob diese Informationen von einem Verein, einer Behörde oder einem Unternehmen kommen. Um mit einer Pressemitteilung den gewünschten Erfolg zu erzielen, muss man verschiedene Punkte beachten.

Besonders wichtig ist dabei der Adressat der Mitteilung. Hier ist der Name tatsächlich Programm, denn eine Presse-Mitteilung ist eine Mitteilung an die Presse, nicht an den Kunden eines Unternehmens oder das Mitglied eines Vereins. Sie ist gleichsam ein Appetitanreger für den Journalisten, den der Versender für sein spezielles Anliegen interessieren will. Dies gilt es beim Schreiben unbedingt zu beachten.

Findet eine Redaktion Ihr Thema erst einmal „spannend" und von öffentlichem Interesse im Rahmen der jeweiligen Zielgruppe, ist der Weg zur tatsächlichen Veröffentlichung in Zeitung, Zeitschrift oder Online-Medium offen.

Im digitalen Zeitalter ist es sehr einfach und kostengünstig geworden, eine Pressmitteilung dem passenden Verteiler zur Verfügung zu stellen. Wurde sie früher noch per Post oder auch per Fax versendet, so erfolgt heute die Verteilung fast nur noch über E-Mail. Das ist zunächst ein Vorteil, hat aber auch eine gravierende Kehrseite.

Diese Art der einfachen und billigen Verbreitung hat die Anzahl der Pressemitteilungen, die ein Redakteur täglich auf den Tisch bekommt, enorm ansteigen lassen. Umso wichtiger ist es daher, den Text nach bestimmten Richtlinien zu verfassen, dabei aber die zu kommunizierenden Fakten möglichst spannend zu formulieren. Tatsächlich gibt es eine Art Norm, der eine Pressemitteilung genügen muss, um nicht postwendend im Papierkorb, sondern auf der Tagesordnung der jeweiligen Redaktion zu landen.

Erfüllt eine Mitteilung diese Norm nicht, wirkt sie schnell unseriös und wenig glaubwürdig. Neben bestimmten stilistischen Erfordernissen sind die so genannten W-Fragen sehr wichtig: Wer, wo, wann, was, wie, warum?

Ein Redakteur, der am Tag vielleicht hundert Pressemitteilungen auf den Tisch bekommt, wird sie nicht Wort für Wort lesen, sonder eher „scannen", nach wichtigen Schlüsselbegriffen durchsuchen und danach erst entscheiden, ob das Thema es wert ist „ins Blatt gehoben" zu werden.

Der richtige Text ist also der entscheidende Faktor, wenn es darum geht, eine Pressemitteilung erfolgreich an den Mann zu bringen. Das wohl gesetzte Wort sowie die kurze und prägnante Formulierung sind das Lebenselixier dieser Form der Kommunikation. Umso wichtiger ist es für Sie, an dieser Stelle nichts dem Zufall zu überlassen.

Lassen Sie Ihre Pressemitteilung von einem Profi verfassen – und befreien Sie sich von der mitunter quälenden Frage, ob Sie alles richtig formuliert haben. etexter nimmt Ihnen gern diese Sorge ab: Wir bringen Ihr Anliegen so auf den Punkt, dass es für Journalisten interessant wird und Ihre Pressemitteilung immer die verdiente Aufmerksamkeit erhält.

Produktbeschreibung

Eine schlüssige Produktbeschreibung ist nicht nur im Online-Handel von größter Wichtigkeit. Kunden wollen, dass man sie von einem Produkt überzeugt. Deshalb darf nichts dem Zufall überlassen werden. Mit den Textprofis von etexter sind Sie auf der sicheren Seite!

Wir stellen jene Merkmale Ihrer Produkte heraus, welche sie für den Kunden unersetzbar machen. Dabei orientieren wir uns nicht nur an technischen Daten: Eine gute Produktbeschreibung vermittelt ein Lebensgefühl.

Deshalb schreiben für etexter auch ausschließlich erfahrene Redakteure, die Texten Leben einhauchen können. Unsere Aufgabe ist es, einen Text zu formulieren, der nach deutlich mehr klingt als einer reinen Produktbeschreibung und dem Leser einen Mehrwert bietet.

Auch Ihre Unternehmensphilosophie kann ein wichtiger Bestandteil der Produktbeschreibung sein. Ebenso allgemeine Punkte wie Lieferzeiten, Service und Garantie, mit denen Sie sich vom Wettbewerb unterscheiden. Vielleicht vertreiben Sie das Produkt sogar exklusiv oder haben es selbst hergestellt. Damit machen Sie nicht nur das Produkt, sondern auch Ihr Unternehmen unverzichtbar.

Textprobe für eine Produktbeschreibung

Sie sind ein erfahrener und versierter Online-Händler. Sie haben ein ansprechendes Shop-Design, bieten ein gutes Sortiment zu marktgerechten Preisen und einen lückenlosen Service. Was können Sie jetzt noch tun, um mehr Kunden zu erreichen und höhere Umsätze zu erzielen? Unsere Antwort: Bieten Sie einzigartige und professionelle Produktbeschreibungen!

Erst wenn Ihr Online-Shop gefunden wird, können Sie auch etwas verkaufen. Individuell verfasste Produktbeschreibungen mit relevanten Keywords machen Suchmaschinen auf Ihren Online-Shop aufmerksam. Und ein gutes Suchmaschinenranking bedeutet für Sie mehr potentielle Kunden. Interessiert sich ein Shop-Besucher für eines Ihrer Produkte, muss er sich entscheiden: Kaufen oder nicht?

Neben Bildern ist Ihre Produktbeschreibung für den Besucher das wichtigste Entscheidungskriterium: Vermittelt sie sämtliche Fakten zum Produkt? Stellt sie alle Vorzüge dar und räumt auch letzte Unsicherheiten aus? Spricht sie den Besucher emotional an? Eine gute Produktbeschreibung leistet all dies und animiert so zum Kauf Ihrer Produkte. Ein positiver Nebeneffekt: Je besser Sie mit Ihren Texten informieren, desto geringer wird später auch Ihre Rücksenderate sein.

Aus Zeitgründen mag es für Online-Händler attraktiv erscheinen, Produkttexte unverändert von den Herstellern zu übernehmen. Doch nicht nur Suchmaschinen, sondern auch Kunden werten „Duplicate Content" negativ.

Selbst wenn Herstellertexte durch nüchterne Fakten ergänzt werden, wird dies nicht alle Shop-Besucher überzeugen. Nur mit einzigartigen und kreativen Produkttexten heben Sie sich von anderen Verkäufern ab und sichern sich so Wettbewerbsvorteile. Überlassen Sie die Erstellung Ihrer Produktbeschreibungen deshalb den erfahrenen Autoren von etexter!

Wir werden für Sie Texte kreieren, die sowohl Suchmaschinen als auch potentielle Käufer begeistern. Und das zu fairen Preisen.

Die Investition in eine professionelle Textagentur macht sich schnell bezahlt – nicht nur beim Online-Shop. Ob für die Website, eine Broschüre oder einen Werbebrief: etexter lohnt sich!

Ein professioneller Unternehmenstext unterstützt Sie bei der Erreichung Ihrer Kommunikationsziele und transportiert positive Botschaften über Ihr Unternehmen wie Kompetenz und Qualität. Professionelle Texte sind eine nachhaltige Investition in Ihren Kommunikationserfolg und in Ihr Image.

Webseitentexte

Die Website eines Unternehmens oder Verbands ist mittlerweile eines der wichtigsten Medien für den direkten Kontakt zu Kunden, Interessenten und Mitgliedern geworden.

Der stark gewachsenen Bedeutung von professionellen Website-Texten steht häufig der zeitliche Aufwand für deren Recherche und Erstellung gegenüber. Gut, dass es etexter gibt!

Ganz gleich, um welche Art von Webseitentext es sich handelt. Anhand Ihrer Angaben zur Zielgruppe und den gewünschten Themen erstellen unsere Autoren Webseitentexte, die höchsten Ansprüchen genügen.

Wir recherchieren Hintergrundinformationen, erstellen ein für Ihr Unternehmen passendes Konzept und redigieren unsere Texte, bevor wir sie Ihnen „druckreif" zusenden.

Webseitentext einer Textagentur

Willkommen bei etexter! Auf unserer Webseite erhalten Sie rund um die Uhr perfekte Texte für Unternehmen und Verbände – geschrieben von hervorragenden Redakteuren. Erfahren Sie mehr über unsere Angebote und unsere Referenzen. Lesen Sie auch unsere Arbeitsproben.

Getreu unserem Motto „einfach gute Texte" haben wir ein modernes Auftragsmodul entwickelt, mit dem Sie die verschiedensten Texte für Ihre Firma oder Ihren Verband einfach und schnell bestellen können.

Sie brauchen eine kurze Pressemitteilung bis übermorgen? Sie möchten einen 15-seitigen, englischsprachigen Text überarbeiten lassen? Sie möchten Webseitentexte in deutscher und englischer Sprache bestellen? Wir haben für jede Anforderung die richtigen Texter!

Als empfohlener Servicepartner des Händlerbunds wissen wir um die enorme Bedeutung von qualitativ hochwertigen Texten für Unternehmenswebseiten und Online-Shops. Die Beurteilung eines Internetangebotes wird von den meisten Nutzern ganz maßgeblich anhand der Texte vorgenommen.

Die Redakteure von etexter erstellen vom Anschreiben bis zum Webseitentext alle Textarten, die Ihr Unternehmen voranbringen. Probieren Sie es einfach aus: Bereits ab einer Seite können Sie bei etexter individuelle Texte bestellen.

Im Auftragsmodul wählen Sie zunächst die gewünschte Textmenge, Sprache und den Liefertermin aus. Der entsprechende Preis wird Ihnen sofort angezeigt. Die inhaltlichen Vorgaben für Ihren Text können Sie uns über ein Textfeld mitteilen – auch Dateien und Web-Links mit weiteren Informationen zum Text lassen sich bei etexter online übermitteln.

Den Status Ihres Auftrags können Sie jederzeit online verfolgen. Auf unserer Webseite finden Sie darüber hinaus nützliche Know-how Artikel. Sie haben Fragen? Rufen Sie uns an oder schreiben Sie uns eine E-Mail – wir sind jederzeit gerne für Sie da! etexter – einfach gute Texte für Firmen und Verbände.

Zeitschrift

Eine Mitarbeiterzeitung gibt es inzwischen auch in vielen kleinen und mittleren Unternehmen. Häufig werden diese Publikationen nicht mehr gedruckt verteilt, sondern im Firmen-Intranet oder sogar öffentlich im Internet verbreitet.

Auch Verbandszeitschriften nutzen zunehmend die neuen Medien. Doch haben Unternehmen und Verbände auch eine professionelle Redaktion? Selbst große Medienunternehmen tun sich mit der Qualität ihrer Mitarbeiterzeitungen mitunter schwer.

Unser Rat ist deshalb recht simpel: Natürlich soll jeder in der Mitarbeiterzeitschrift schreiben dürfen. Aber bitte nur, wenn er ein professioneller Texter ist! Für etexter schreiben ausschließlich erfahrene Redakteure.

Die Texterstellung ist unsere Kernkompetenz - für Layout und Fotos gibt es andere Spezialisten. Ob Sie nun einzelne Artikel bei uns bestellen oder Ihre vorhandenen Texte überarbeiten lassen möchten: Bei etexter erhalten Sie für jede Aufgabenstellung die passende Lösung.

Selbstverständlich schreiben wir die einzelnen Artikel für Ihre Mitarbeiterzeitschrift oder Verbandszeitschrift auf Wunsch auch auf Englisch.

Zeitschriftenartikel

Die eigene Tätigkeit darstellen, Themen auf den Punkt bringen, Anliegen und Ziele klar und anschaulich vermitteln – Unternehmen sind auf eine gelungene Kommunikation angewiesen. Besonders Mitarbeiterzeitungen und Unternehmenszeitschriften müssen professionell und ansprechend formuliert werden.

Was macht gute Texte aus? Sie sind leicht verständlich und professionell formuliert. Sie sprechen die gewünschte Zielgruppe an. Sie tragen dazu bei, die gesetzten Kommunikationsziele zu erreichen. Die Zeitschrift überzeugt dabei durch lebendige Reportagen und stellt Fakten ansprechend dar.

Sie sind im Thema, haben umfassende Kenntnisse in Ihrem Fachgebiet und sind hoch motiviert. Aber können Sie auch gute Texte schreiben? Sich in seinem Fachgebiet gut auszukennen ist das eine, ein talentierter und erfahrener Texter zu sein, etwas ganz anderes.

Experten, die sich täglich mit einem eng umgrenzten Themengebiet beschäftigen, fällt es häufig schwer, ihr Wissen zu ordnen. Oft gelingt es ihnen nicht, es für interessierte Laien nachvollziehbar und leicht verständlich niederzuschreiben. Eigentlich wissen sie, was sie schreiben möchten. Doch es fehlen ihnen die Worte und das Know-how. Texte über die eigene Arbeit oder die eigene Organisation zu verfassen, ist deshalb schwer, weil man nicht etwa zu wenig, sondern zu viel über sich weiß.

Möchte man professionelle Texte, lohnt es sich deshalb, sie außer Haus schreiben zu lassen. Denn gute Inhalte allein machen noch keinen guten Text. Einen professionellen Textdienstleister zu engagieren, ist häufig sinnvoll. Erfahrene Redakteure und Texter können an ein Thema unvoreingenommen herangehen.

Sie analysieren die Inhalte, die vermittelt werden sollen, bereiten sie für verschiedene Textarten auf und strukturieren sie. So entstehen klar konzipierte, professionell formulierte Texte. Was interessiert die Leser? Wie kann ich sie für mein Thema interessieren? Professionelle Texter kennen die Antworten.

Verbände und Vereine

Für Verbände und Vereine ist eine aussagekräftige Kommunikation erfolgsentscheidend. Wichtig ist, dass sich eine einheitliche sprachliche Linie durch alle Bereiche der Öffentlichkeitsarbeit zieht: Broschüren, Internet-Texte und Pressemitteilungen müssen ebenso einen Wiedererkennungswert besitzen wie etwa Tätigkeitsberichte, Mitgliederanschreiben und Spendenaufrufe.

Die Autoren von etexter unterstützen Sie in Ihrer Kommunikation nach Innen und Außen. Sowohl Ihre Mitglieder und Helfer als auch die Öffentlichkeit erwarten professionelle Texte, in denen die Arbeit Ihres Verbandes präzise dargestellt wird. Deshalb schreiben bei etexter ausschließlich professionelle Redakteure und Berufsautoren.

Am Anfang steht die Bedarfsanalyse: Welche Texte braucht Ihr Verband? Wie viele Texte davon sind von herausgehobener Bedeutung, etwa Pressemitteilungen? Anhand dieser Fragen und unserer Preiskalkulation können Sie sich einen ersten Überblick über die Vorteile der externen Texterstellung verschaffen.

Besonders hilfreich ist es für einen Verband, wenn er seine Werte und Ziele bei allen Gelegenheiten betont. Deshalb legen wir bei etexter großen Wert auf die Einhaltung allgemeiner Formulierungsvorgaben. Nur dann, wenn die Antwort auf die persönliche Anfrage eines

Verbandsmitglieds zu einem bestimmten Thema nicht von der zuvor in einer Pressemitteilung verkündeten Linie abweicht, hat der Verband eine Aussicht darauf, mit seinen Vorschlägen und Forderungen mittelfristig tatsächlich Gehör zu finden.

Nicht selten gibt es auch in großen Verbänden organisatorische Engpässe. Deshalb sollte die externe Texterstellung allen Mitgliedern in verantwortlicher Position möglich sein. Da etexter über die Website von jedem Computer mit Internetzugang genutzt werden kann, sind keine technischen Hürden zu überwinden. Auch das Gesamtvolumen der Aufträge aus dem Verband können wir Ihnen monatlich oder quartalsweise mitteilen. Somit können Sie etexter leicht in den Alltag Ihres Verbandes integrieren und zugleich von besseren Texten und einer optimalen Arbeitsteilung profitieren.

Anschreiben

Kommunikation ist ein wesentlicher Bestandteil jeder Vereins- und Verbandsarbeit. Je besser sie funktioniert, umso erfolgreicher kann der Verein oder Verband agieren. Von Mitgliederanschreiben und Einladungen über Informationsschreiben, Zwischenstandberichte und schriftliche Stellungnahmen bis hin zu Leserbriefen: Professionell formulierte Texte vergrößern die Chance, dass die Interessen und Ziele Ihrer Organisation auch wahrgenommen werden. Dem jeweiligen Anliegen entsprechend verstehen es unsere erfahrenen Redakteure, den Textinhalt informativ und interessant, in einem lesenswerten Stil zu transportieren.

Sie erhalten von etexter klar strukturierte und zielgruppenspezifische Schreiben, mit denen Sie die Angebote Ihrer Vereinstätigkeit, die Argumente Ihres Verbandes oder weitere Intentionen angemessen und wirkungsvoll an Ihre Adressaten richten. Wir übernehmen neben Einzelaufträgen gerne auch Ihren gesamten Schriftverkehr und Textbedarf, damit Sie eine gleichbleibend hohe Qualität in Ihrer kommunikativen Tätigkeit bieten können.

Das trägt zu Verbesserung des Images des Vereins oder Verbands bei. Denn heutzutage spielen nicht allein die Erfolge Ihrer unmittelbaren Aktivitäten eine große Rolle, sondern zunehmend auch die Form, in der Sie diese präsentierten. Exklusive und hervorragend formulierte Schreiben vermitteln Kompetenz und Sorgfalt. Beides kommt Ihnen in allen anderen Bereichen des Verein- und Verbandsengagements zugute. Sie verkaufen Ihre Ideen besser, können so auf mehr Unterstützer hoffen und Ihre Ziele leichter verwirklichen.

Anschreiben eines Lebensmittelverbandes

Verehrte Mitglieder des Lebensmittelbeispielverbandes!

„Aromatische Speisen und Getränke – mit oder ohne natürliche und naturidentische Aromen?" Die mögliche, knappe Antwort auf diese Frage „Auf den Geschmack kommt es an!" ist zweifelsohne nicht falsch, greift aber deutlich zu kurz.

Wir alle wissen, dass durch das veränderte Verbraucherbewusstsein nicht nur die Genussfrage, sondern auch zunehmend der Blick in die Zutatenliste auf der Produktverpackung eine wichtige Rolle bei der Kaufentscheidung spielt. Eine hohe Qualität der Inhaltsstoffe in Lebensmitteln ist allen ein Anliegen: Ihnen als Produzenten, Ihren Kunden und auch der Politik, die in diesem Bereich in vielen Punkten einen Regelungsbedarf sieht.

Aktuell werden sowohl auf nationaler wie auf europäischer Ebene quer durch alle parlamentarischen Fraktionen verschiedene Gesetzesvorhaben debattiert. Da wir uns als Verband selbstverständlich an dieser Diskussion mit unseren Argumenten beteiligen möchten, hat sich der Vorstand in diesem Jahr dazu entschieden, die eingangs gestellte Frage in den Mittelpunkt unserer alljährlichen Leitlinienkonferenz zu stellen, an die sich wie immer unsere Mitgliederversammlung anschließt, damit wir auch über die neugefundenen Beschlüsse abstimmen können.

Selbstverständlich beschränken wir uns bei unserer Zusammenkunft inhaltlich nicht nur auf die plakativ erwähnten Aromen in Lebensmitteln, sondern möchten uns vielen weiteren Inhaltsstoffen widmen. Zum umfassenden Thema werden unsere Verbandsexperten Sie zunächst über den aktuellen Stand der Dinge sowohl in der Bundes- und EU-Politik als auch in der ernährungswissenschaftlichen Forschung in Kenntnis setzen. Danach hoffen wir auf Ihre rege Beteiligung an den Gesprächen in den verschiedenen Workshops und der abschließenden offenen Podiumsdiskussion.

Die Leitlinienkonferenz am Samstag und die Jahreshauptversammlung am Sonntag werden wie gewohnt am letzten Oktoberwochenende in unserem Tagungshotel stattfinden. Wir würden uns sehr freuen, wenn Sie unserer Einladung zahlreich Folge leisten können, damit wir Ihre Interessen auch weiterhin bestmöglich und mit gewichtiger Stimme vertreten können.

Artikel

Sie möchten einen Artikel für Ihren Verein oder Verband schreiben? Lassen Sie sich von den bewährten Textprofis von etexter unterstützen!

Eine Verbands- oder auch Vereinszeitung ist einer der wichtigsten Erfolgsfaktoren im Marketing einer Organisation. Sie trägt maßgeblich zur Mitgliederbindung und Mitgliedergewinnung bei. Damit ist sie ein nicht unerheblicher Faktor für das finanzielle Fortbestehen eines Verbandes oder Vereines.

Neben Informationen zur Organisation selbst spielen auch Unterhaltung, Lebenshilfe oder die Stärkung des verbandlichen Ehrenamtes eine Rolle. Auch Neues und Wissenswertes allgemeiner Natur kann eine Verbandszeitung aufwerten und interessanter machen. Dazu gehören zum Beispiel Trends und Entwicklungen sowie Tipps und Anregungen für den Alltag.

Informationen über Ihre aktuellen Themen, Aktionen und Neuigkeiten verarbeiten die Autoren von etexter zu interessanten und fachlich einwandfreien Texten. Arbeiten Sie mit uns an Texten, die frisch, informativ und einzigartig sind und wecken Sie das Interesse Ihrer Mitglieder immer wieder neu. Bereits ab einer Seite können Sie Texte von uns erstellen oder überarbeiten lassen.

Selbstverständlich können Sie uns auch für Ihr Unternehmen oder als Privatkunde beauftragen. Wählen Sie im Auftragsformular einfach die passende Kategorie aus.

Artikel einer Pilotenorganisation

Über den Wolken

...ist die Freiheit immer noch grenzenlos. Sicherlich ein Grund mehr für unsere angehenden Piloten, sich für diesen verantwortungsvollen Beruf zu entscheiden. Die Faszination des Fliegens hat die Menschheit schon immer begeistert und viele Piloten können auch nach Jahren des Fliegens immer noch die „Flugzeuge im Bauch" spüren.

Der großen Verantwortung des Berufes wird nun zusätzlich Rechnung getragen, denn die allgemeinen Ausbildungsrichtlinien unseres Verbandes werden erweitert. Angehende Piloten müssen sich in Zukunft auch mit alternativen Flugkraftstoffen auskennen, die aus zahlreichen Rohstoffen produziert werden können.

Sie dürfen nun auch ihr biologisches Wissen erweitern, wenn sie sich mit den Eigenschaften energetischer Pflanzen beschäftigen Aber auch weitere Kenntnisse werden vermittelt, wie zum Beispiel über energiereiche Alt- und Reststoffe, die zukünftig für die Kraftstoffproduktion an Bedeutung gewinnen.

Die neue Pilotengeneration wird damit einen Beitrag zu mehr Umweltbewusstsein leisten...

Blogtexte

Ihr Verband oder Verein betreibt einen Blog? Lassen Sie sich beim Formulieren der Inhalte von den hervorragenden Redakteuren der Textagentur etexter unterstützen!

Schriftführer in einem Verein oder Verband haben häufig auch die Aufgabe, den Blog im Internet zu verwalten. Das Verfassen der Protokolle von Mitgliederversammlungen geht rasch von der Hand. Doch die Ankündigung und Beschreibung der Veranstaltungen verschlingt viel Zeit. Engagieren Sie einen professionellen Texter, der Ihnen diese Aufgabe abnimmt! Ein Profi ist in der Lage, Informationen ansprechend aufzubereiten und in Blogbeiträge umzusetzen.

Ein professioneller Texter ist in der Lage:

- *Ein Ereignis, Mitteilungen und Neuigkeiten interessant und leicht lesbar darzustellen.*
- *Den Ton und Stil Ihrer Zielgruppe zu treffen.*
- *Blogbeiträge zu erstellen, die neue Mitglieder anziehen und mögliche Sponsoren überzeugen.*
- *Beiträge so zu verfassen, dass Sie den professionellen Charakter Ihres Blogs unterstreichen.*

Sie suchen Blogtexte für Ihren Tourismusverband oder für Ihre Industrie- und Handelskammer? Die Suchmaschinen verlangen ständig nach neuem, hochwertigen Inhalt, damit ein Blog als relevant gilt.

Schreiben ist ein Handwerk, das gelernt werden muss. Ein Textprofi hat viele Stunden damit verbracht, die Struktur von leicht lesbaren Sätzen zu analysieren. Er weiß über die optimale Satzlänge Bescheid und darüber, welche Wortwahl den Leser anspricht. Außerdem kennt er sich mit den Anforderungen von Suchmaschinen aus. Wir recherchieren und formulieren perfekte Inhalte für Ihren Blog - bereits ab einer Textseite.

Blogartikel einer Tourismusregion

Der Norden Deutschlands lockt im August mit einem neuen kulinarischen Höhepunkt: Räucherfisch-Wochen im Ostseebad Musterstadt. Besuchen Sie Musterstadt und genießen Sie den ebenso gesunden wie köstlichen Räucherfisch.

Schleswig-Holstein ist für seinen bodenständigen und eigenwilligen Menschenschlag bekannt und für seine traditionelle Küche. Diese robuste Küche zeichnet sich durch herzhafte Rezepte aus, die oft auf ‚brooken Sööt' (gebrochene Süße) setzen – eine Mischung von süß und sauer. Räucherfisch verzehren die Schleswig-Holsteiner mit besonderer Vorliebe.

Mit den Räucherfisch-Wochen verfolgt der Tourismusverband das Ziel, diese Tradition zu feiern. Mittelpunkt der Ereignisse wird die Alte Fischräucherei in Musterstadt sein. Konzerte, Kochdemonstrationen, ein Malwettbewerb für Kinder und vieles mehr ist geplant. Hier erleben Sie, wie man Fisch auf traditionelle Weise räuchert – und wie gut er schmeckt.

Warum sind Kieler Sprotten und anderer Räucherfisch so gesund?
- Hoher Anteil an Omega-3-Fettsäuren, die Herzkrankheiten vorbeugen, Entzündungen hemmen und das Immunsystem stärken.
- Viel hochwertiges Eiweiß, das der Körper leicht verwerten kann.
- Reich an wichtigem B12-Vitamin, unentbehrlich für die Blutbildung und das Zellwachstum.

Broschüren

Sie möchten eine Broschüre für Ihren Verband oder Verein verfassen? Die erfahrenen Redakteure der Textagentur etexter helfen Ihnen gern! Wir überlassen nichts dem Zufall und formulieren eine Broschüre, die Ihren Vorgaben und Ansprüchen gerecht wird. Selbstverständlich können Sie uns auch für Ihr Unternehmen oder als Privatkunde beauftragen. Wählen Sie im Auftragsformular einfach die passende Kategorie aus.

Was für eine Einzelperson die Visitenkarte ist, das ist für einen Verein oder Verband die Broschüre. Beide werden in der Regel im Verlauf einer ersten Begegnung ausgehändigt und bei beiden bemisst sich der Erfolg an der Anzahl der Rückmeldungen. Doch während es bei einer Visitenkarte lediglich darauf ankommt, Kontaktdaten in übersichtlicher und geschmackvoller Form aufzulisten, besteht die Funktion einer Broschüre außerdem darin, potenziellen Interessenten das Wesen und die Zielsetzung Ihrer Organisation prägnant und ansprechend nahe zu bringen. Hier können wir Ihnen mit fachkundiger Beratung und Unterstützung zur Seite stehen.

Unsere qualifizierten und erfahrenen Texter entwickeln nach Ihren Vorgaben ein herausragendes Stück Gebrauchsliteratur, das sich Ihrer Botschaft sowie Ihrer gewünschten Zielgruppe optimal anpasst. Sollten Sie bereits eine Broschüre herausgeben, deren Resonanz hinter Ihren Erwartungen zurückbleibt, gehen wir den Ursachen gern auf den Grund und verhelfen Ihnen mit gezielter Textüberarbeitung zu einer erfolgreichen Kampagne.

Broschüre eines Tierschutzvereins

Liebe Tierfreunde,

schon gewusst? Bereits ein erfreulich großer Teil der Bevölkerung betrachtet das Leben von Tieren als schützenswert. Das haben repräsentative Umfragen bestätigt.

Doch tatsächlich – das hat uns unsere langjährige Praxis gelehrt – besteht eine große Irritation über den „richtigen" Weg, seinen Teil zum Tierschutz beizutragen.

„Muss ich als Tierfreund jetzt ganz auf mein Fleisch verzichten? Und wenn ja: Gibt es da spezielle Richtlinien, auf die ich zu achten sollte?"

Oder:

„Darf ich überhaupt noch Produkte unterstützen, deren Entwicklung auf Tierversuchen basiert?"

So lauten nur einige von zahlreichen Anfragen, die uns täglich erreichen. Und doch werden hier zumindest noch Fragen gestellt. Darum hat auch jede dieser Fragen eine ehrliche Antwort verdient. Und sei es, dass wir darauf beim besten Willen keine Standard-Antwort parat haben.

Tierfreunde Beispielverein e.V. ist ein Zusammenschluss von erfahrenen Tierhaltern, die sich jenseits aller großen Worte für ein artgerechtes Zusammenleben zwischen Mensch und Tier einsetzen. Die meisten unserer Mitglieder leben seit langem mit ihrem Hund, ihrer Katze oder ihren Hasen zusammen und sorgen dafür, dass es unseren tierischen Freunden immer gut geht.

Buch

Haben Sie schon einmal daran gedacht, Ihre Verbands- oder Vereinsaktivitäten in Form eines Buches darzustellen? Kaum etwas eignet sich besser, um die eigenen Leistungen zu dokumentieren und um den gesellschaftlichen Anspruch seiner Organisation zu unterstreichen.

Denkbar sind Bücher zu ganz unterschiedlichen Themen:

- *Eine Chronik des Vereins, welche die Anfänge beschreibt, die treibenden Kräfte würdigt, die Schwierigkeiten und Erfolge des Aufbaus zeigt – und auch die positiven äußeren Einflüsse dankbar ins Licht setzt, etwa die Förderung durch Sponsoren, Politik und Medien.*

- *Publikationen über die besonderen Bemühungen bei der Jugendarbeit (etwa im Sportverein), den Bericht über eine erfolgreich durchgeführte Ausstellung (Kunstverein), die Konzertreise des Musikvereins, während ein Brauchtums-Verein Bücher über Geschichten, Trachten und Handwerkskunst herausgeben kann.*

- *Auch eine jährliche Veröffentlichung über die Vereinsaktivitäten wäre für die involvierten Mitglieder und ihre Angehörigen attraktiv.*

Die Voraussetzungen für ein erfolgreiches Buch sind ein guter inhaltlicher Aufbau, eine ansprechende Gestaltung und ein flüssig geschriebener Text. Die hervorragenden Redakteure der Textagentur etexter können Ihr Ghostwriter sein! Lassen Sie sich beim Verfassen einzelner Kapitel oder des gesamten Buches von bewährten Textprofis unterstützen!

Buch eines Radclubs

Bevor 1977 ein „heißer Hesse" bei der Tour de France brillierte und die Boulevard-Presse plötzlich ihren Fokus auf die schwerste Radrundfahrt der Welt richtete, hatte Fritz Muster den Namen Detlef Müller noch nie gehört. Da lag das Kurbeln von Pedalen ganz und gar außerhalb seiner Vorstellung. Damals trat er noch einzig und allein das Gaspedal.

Doch dann fuhr dieser junge Darmstädter triumphal im Gelben Trikot des Führenden durch Frankreich, und die Begeisterung riss ihn mit, den Fritz Muster. Ihn und ein paar Freunde, die sich tatsächlich kurz darauf Rennmaschinen zulegten, um „das Leiden des Radfahrers" am eigenen Leib zu verspüren – genauer, an jedem Berg zunächst, den sie in ihrer miserablen Form erst einmal nicht bezwangen.

Aber hatte Det, der Held, nicht auch seinen „Biss" unter Beweis gestellt, sein kolossales Durchhaltevermögen? Fritz Musters Truppe blieb jedenfalls dran und nach den Sitzbeschwerden, den Muskelkatern und dem massenhaften Wegbleiben der Luft bei steilen Anstiegen stellten sich allmählich erste Erfolge ein.

Es dauerte dann nicht mehr lang, da wurde das Radfahren zum Selbstzweck. Ungeahnte Fitness war der Lohn, eine tiefe Zufriedenheit nach absolvierten Sonntag-Vormittags-Touren, ein wunderbares Gefühl von Entspannung beim Kurbeln. Nach einem Jahr der lockeren Radausflüge, des mehr oder weniger stringenten Trainings stand für Fritz Muster und seine Freunde fest: „Wir gründen einen Verein!"

Mit dem RC Tourmalet, benannt nach einem berühmten Pyrenäengipfel und häufigen Etappenziel der Tour de France, sollte es möglich sein, den Sport auf breitere Füße zu stellen. Man könnte die eine oder andere Veranstaltung im Rahmen der Richtlinien des Radfahrervereins durchziehen und dabei vielfältige Vorteile wie beispielsweise Versicherungsschutz in Anspruch nehmen. Später ließe sich vielleicht sogar eine Rennmannschaft ins Leben rufen oder gezielt die Jugend an den Radsport heranführen.

Fachartikel

Sie möchten einen Fachartikel für Ihren Verband oder Verein formulieren? Die bewährten Redakteure der Textagentur etexter helfen Ihnen! Auf der Grundlage der von Ihnen zur Verfügung gestellten Informationen formulieren unsere Autoren einen Fachartikel, der den höchsten Ansprüchen genügt.

Ein Verein oder Verband ist nicht selten auch als Experte gefragt. Ob nun auf Anfrage von außen, etwa durch Medienvertreter oder andere Interessenten, oder in Eigeninitiative: Beim Schreiben von Fachartikeln oder Statements zu aktuellen gesellschaftlichen und politischen Entwicklungen sollten sich Ihre exzellenten Kenntnisse der Sachverhalte nicht nur im Inhalt, sondern auch in einer ausgezeichneten sprachlichen Form niederschlagen.

Unsere erfahrenen Redakteure verfügen über die professionelle Vermittlungskompetenz, auch komplexe und komplizierte Themen in einem verständlichen und zugleich Interesse weckenden Sprachstil zu erörtern. Vor allem der zielgruppenspezifischen Ausrichtung und der daraus resultierenden adäquaten Formulierung Ihres Fachartikels kommt enorme Bedeutung zu. Denn selbstverständlich macht es einen erheblichen Unterschied aus, ob dieser beispielsweise in einer Fachzeitschrift oder in einer Tageszeitung veröffentlicht werden soll.

Als Kenner der Materie neigt man häufig dazu, zu viele Fachausdrücke zu verwenden und den Blick dafür zu verlieren, in welchen Bereichen beim Rezipienten Verständnislücken vorhanden sind. Umso bedauerlicher wäre es, wenn gerade in dieser Hinsicht bei Ihrem Text kommunikative Probleme auftreten. Denn das Verstehen Ihrer Themen und Anliegen ist immer die erste Voraussetzung, um neue Fürsprecher und Unterstützer für Ihre Vereins- und Verbandsinteressen zu gewinnen.

Fachartikel eines Wirtschaftsverbands

Die digitale Revolution ist eine schleichende. Gemeint ist selbstverständlich nicht, dass sie sich im Schneckentempo vollzieht. Im Gegenteil, die Geschwindigkeit des Umbruchs in der Gesellschaft und Wirtschaft, eingeleitet durch die Entwicklung der Technik, unterliegt einer derart rasanten Beschleunigung, dass sowohl der einzelne Mensch als auch viele Unternehmen mit den Veränderungen kaum Schritt halten können.

Schleichend beschreibt vielmehr den Charakter der zunehmenden Digitalisierung, da sie beinahe unmerklich und alternativlos in fast alle Lebensbereiche eindringt. Der unablässige Wandel durch immer weitere Fortschritte und Innovationen erfordert daher ein „permanentes Updaten" der eigenen Strategien, Handlungen und Einstellungen, also ein ständiges Reagieren, so dass das freie Agieren nicht selten zu kurz kommt.

Unser Wirtschaftsverband hat aktuell diesen Aspekt der Thematik aufgegriffen und fordert nicht nur im Interesse seiner Mitglieder einen gesamtgesellschaftlichen Schulterschuss zum Schutz der „digitalen Ökologie". Bereits vor Jahrzehnten haben philosophische Medientheoretiker wie Marshall McLuhan und Neil Postman den Begriff der Ökologie in ihre medienpädagogischen Überlegungen eingeführt. Wie im Umweltschutz zielt er auch im Bereich der Digitalisierung darauf ab, eine Nachhaltigkeit im Umgang mit der modernen Technik ins Bewusstsein zu rücken.

Handbuch

Sie möchten ein Handbuch für Ihren Verein oder Verband formulieren? Die exzellenten Textprofis der Textagentur etexter sind für Sie da! Wir schreiben vom einzelnen Kapitel bis hin zum gesamten Handbuch für Sie einen maßgeschneiderten Text, der auch höchsten Ansprüchen gerecht wird.

In Vereinen und Verbänden werden größere Textprojekte verständlicherweise zumeist arbeitsteilig angegangen. Verschiedene Aktive schreiben einzelne Beiträge, was unweigerlich mit differierenden Sprachstilen verbunden ist und beim Lesen des Endproduktes unangenehm auffallen kann. Durch das Überarbeiten Ihrer Textentwürfe mit neuen Formulierungen oder auch durch das Schreiben des gesamten Handbuchs entsprechend Ihrer Vorgaben und Informationen helfen wir Ihnen, diese unerwünschten Negativeffekte zu vermeiden.

Handbücher oder beispielsweise auch Blattsammlungen, die kontinuierlich erweitert werden können, sind hervorragend dazu geeignet, einen tieferen Einblick mit wichtigen Hintergrundinformationen in die Arbeit und Historie eines Vereines oder Verbandes zu geben. Schon in der Konzeptphase für eine solche Veröffentlichung steckt viel Mühe und Zeit. Dieses Engagement aller Beteiligten in Ihrem Verein oder Verband sollte sich natürlich auch mit einer bestmöglichen Wirkung auszahlen. Dank einer kompetenten textlichen Umsetzung von der ersten bis zur letzten Seite durch unsere erfahrenen Autoren werden Sie ein lesenswertes, ausführliches und exklusives Dokument präsentieren können.

Handbuch für Hausärzte

Von A wie Abacavir bis Z wie Zwiebel-Extrakt werden im vorliegenden Handbuch für Hausärzte die wichtigsten pharmakologischen Wirkstoffe in Medikamenten vorgestellt. Behandelt werden die Wirkweisen, Nebenwirkungen und vor allem die Wechselwirkungen untereinander, die in den einzelnen Kapiteln besonders hervorgehoben sind.

In der alltäglichen Praxis sind Allgemeinmediziner immer häufiger mit Patienten konfrontiert, die Medikamente einnehmen müssen, die ihnen von Fachärzten verschrieben wurden. All die neuen und immer spezifischeren Präparate, die für die jeweiligen Fachgebiete auf dem Markt sind, zu kennen, ist für einen Hausarzt nicht möglich.

Oft fehlt auch die Zeit für eine intensive Recherche, um für die Genesung des Hausarzt-Patienten ein benötigtes Medikament zu finden, das sich bestmöglich mit seinen anderen verträgt. Mit dem informativen Schwerpunkt im Themenkomplex „Wechselwirkungen" soll unser Handbuch insbesondere bei dieser allgegenwärtigen Problematik Abhilfe bieten.

Zu jedem einzelnen Wirkstoff sind sämtliche bekannten Wechselwirkungen aufgelistet. Für einen raschen Überblick sorgen die zusätzlichen Unterteilungen in die Facharztrichtungen, die übersichtlich in einer Tabelle präsentiert werden.

Bei erwiesenen oder zu befürchtenden Negativeffekten einer Medikamentenkombination werden zudem an dieser Stelle auf Basis des aktuellen pharmakologischen Forschungstandes Empfehlungen für unbedenkliche Alternativprodukte ausgesprochen.

Katalog

Sie möchten einen Katalog für Ihren Verband oder Verein formulieren? Beim Erstellen der Katalogtexte unterstützen Sie die erfahrenen Redakteure der Textagentur etexter. Wir können bereits ab einer Seite bis hin zu ganzen Kapiteln für Sie tätig werden.

Um den gewünschten Erfolg zu erzielen, benötigt ein guter Katalog dreierlei: Er braucht ein ansprechendes Design, er braucht aussagekräftige Fotografien - und er braucht wohlformulierte Texte zur Einführung in die Thematik. In diesem Punkt können wir Sie gern unterstützen. Ebenso wie in der Industrie ist es auch im Vereins- und Verbandsleben oft sinnvoll, Mitglieder und Interessenten mit einem Katalog auf dem neuesten Stand zu halten - sei es durch einen aktualisierbaren Internetauftritt oder als Druckwerk, das im Verbandslokal ausliegt oder per Post zugesandt wird.

Als Dienstleister für Texterstellung und Textüberarbeitung kann etexter bei der Erstellung von Katalogtexten auf einen langjährigen Erfahrungsschatz zurückgreifen. Gern beraten wir Sie über die vielfältigen Einsatzmöglichkeiten dieses aussagekräftigen Kommunikationsmittels. Infrage kommt beispielsweise für einen Tourismus- und Heimatverein die Vorstellung von Sehenswürdigkeiten, Kulturdenkmälern und Gastronomie – als wertvoller Begleiter für alle Besucher der Region.

Katalog einer Tourismusregion

Liebe Leserin, lieber Leser,

Servus und herzlich willkommen bei uns im schönen Mustertal! Wenn Sie den vorliegenden Prospekt in Händen halten, sind Sie bereits den freundlichen Mitarbeiterinnen und Mitarbeitern unserer Geschäftsstelle begegnet.

So konnten Sie einen ersten Eindruck von zwei typischen Eigenschaften gewinnen, die den Menschen in unserer Region traditionell wichtig sind: Offenheit und Gastfreundschaft.

Auf beides sind wir ebenso stolz wie auch auf vieles andere, was unsere Region an Nennenswertem, Sehenswertem und Wissenswertem zu bieten hat Aus diesem Grund haben sich im Jahr 1995 Anwohnerinnen und Anwohner entschieden, einen Heimatverein zu gründen mit der Zielsetzung, die Kostbarkeiten unserer Region zum einen zu schützen und zu bewahren und sie zum anderen interessierten Besuchern näher zu bringen. Das Resultat eines unserer zahlreichen Projekte, die wir dank tatkräftiger Unterstützung aus Politik und Wirtschaft verwirklichen konnten, halten Sie mit dem vorliegenden Prospekt in Händen.

Dass Sie unsere Heimat näher kennen lernen wollen, freut uns sehr. Als Hilfestellung möchten Ihnen diesen Leitfaden mit auf den Weg geben. Auf den folgenden Seiten werden Sie viele Attraktionen entdecken - von A wie Aussicht bis Z wie Zentralbad!

Wir wünschen Ihnen einen angenehmen Urlaub und freuen uns über Rückmeldungen und Verbesserungsvorschläge.

Präsentation

Ein Verein oder Verband stellt immer auch eine Plattform dar, auf der sich Gleichgesinnte treffen und ihre Ideen umsetzen. Die sind so vielschichtig wie unsere Gesellschaft. Vom Fußballclub über den Musikverein bis hin zum großen Arzneimittelverband – in Deutschland gibt es Hunderttausende Vereine und Verbände jeder Größe. Angesichts dieser Vielzahl muss man seine Organisation selbstverständlich profilieren. Man startet Aktionen, Veranstaltungen, sorgt für eine gelungene bauliche Umgebung, in der sich das Vereinsleben oder die Verbandstätigkeit abspielt, schafft positive Ansatzpunkte, um die Attraktivität des eigenen Anliegens – und damit die Zahl der Mitglieder – zu steigern.

Bei großen Verbänden steht in der Regel ein professionelles Team für die Umsetzung genau definierter Aufgaben zur Verfügung. Doch auch in kleineren Organisationen gibt es eine erstaunliche Aktivität. Vielfach ist es die Lust am Gestalten, das die „Macher" in den solchen Vereinen motiviert. Ob es um eine Oldtimer-Rallye geht, um ein Jugendsport-Turnier oder um ein Stadtfest. Was Vereine und Verbände jeder Größenordnung vereint, ist die Notwendigkeit, ihre Vorhaben und Ideen im demokratischen Prozess zu formulieren und zu vertreten. Hierzu ist eine Präsentation, etwa auf einer Veranstaltung, oftmals das Mittel der Wahl.

Der Erfolg eines Projekts hängt entscheidend von der Qualität einer solchen Präsentation ab. Ist sie durchdacht und berücksichtigt schon im Vorfeld mögliche sachliche Einwände? Kann sie überzeugen? Mehr noch: Ist sie in der Lage, den Funken der Begeisterung überspringen zu lassen? Eine Frage der Kommunikation. Des strukturierten Denkens. Des klaren, leicht verständlichen Textes. Beim Formulieren des Textes Ihrer Präsentation kann Sie die Textagentur etexter fachkundig unterstützen. Unsere erfahrenen Redakteure verhelfen Ihre Organisation ganz unabhängig von deren Größe mit hervorragenden Texten zu einer erfolgreichen Präsentation.

Präsentation eines Heimatvereins

Wir stellen uns ein buntes Treiben vor Musterorts wunderschön restaurierter Altstadt-Kulisse vor. Protagonisten in historischen Gewändern und Besucher wandeln zwischen den Ständen umher, an denen authentische Spezialitäten angeboten werden.

Gaukler führen ihre Kunststücke vor, Bänkelsänger aus der ganzen Republik präsentieren mittelalterliches Liedgut; abends wird bei Fackelschein ein Sänger-Wettstreit aufgeführt. Auch Ritterspiele wie das Ringestechen wird es wieder geben, handwerklich gefertigte Mittelalter-Mode kommt zum Verkauf; am Samstag wird ein kleiner Viehmarkt veranstaltet.

Wie bereits beim vorigen Mal möchten wir wieder befreundete Vereine einbinden, die unter anderem kleine Werkstätten errichten, in denen man die Arbeitsweise von Schneidern, Schuhmachern oder Schmieden aus der Zeit des Mittelalters hautnah erleben kann.

Das Festival wird einen vielschichtigen, ungemein lebendigen Eindruck der damaligen Lebensweise vermitteln, was uns natürlich hohe Aufmerksamkeit auch überregionaler Medien einbringt. Wir rechnen in der Folge mit einem zumindest landes-, wenn nicht bundesweiten Zustrom von Touristen – insgesamt eine hervorragende Werbung für Musterort. Zudem werden nennenswerte Einnahmen aus Gastronomie und Hotellerie zu verzeichnen sein.

Auf dem Marktplatz steht eine Tribüne, auf der die Eröffnungsansprache des Bürgermeisters und abendliche Konzerte mit mittelalterlichen Instrumenten abgehalten werden. Teile der Altstadt sperren die Behörden in der Zeit vom Freitag bis zum Montag für den Straßenverkehr, konkret von der A-Gasse bis zur B-Straße und südwärts bis zum Marktplatz. In der Auf- und Abbauphase sind nur noch Fahrzeuge der Aussteller erlaubt (eigene Ausweise).

Wir verweisen hier auf die positiven Erfahrungen aus den Vorjahren, in denen diese Sperrung reibungslos funktionierte – nicht zuletzt dank des Einsatzes der städtischen Ordnungskräfte und der wohlwollenden Toleranz der zuvor eingehend informierten Anwohner. Das Bauamt müsste erneut rund 30 mobile Toiletten an den im Plan aufgeführten Orten aufstellen und für elektrische Außenanschlüsse an den ebenfalls im Plan verzeichneten Ständen sorgen. Das Rote Kreuz sollte präsent sein, um bei etwaigen Unfällen schnelle Erstversorgung leisten zu können. Auch Polizeipatrouillen sollten wieder erfolgen; sie haben in den Vorjahren viel zum ruhigen Ablauf des Festivals beigetragen.

Für die Info- und Pressearbeit sorgt, in Abstimmung mit dem Presseamt von Musterort, erneut der Verein; dazu zählt ausdrücklich auch die Einstimmung der Anwohner.

PR-Text

Tue Gutes schreibe darüber! Das ist die wohl gängigste Beschreibung von „Public Relations". Für einen PR-Text heißt das: Stellen Sie Ihren Verband, Ihren Verein oder Ihre Organisation in der Öffentlichkeit so interessant und individuell dar wie es der Realität entspricht! Das Ziel von PR-Texten ist es, genau herauszuarbeiten, welche Aspekte und Inhalte Ihrer Arbeit sich dazu eignen, ein positives Image aufzubauen, zu gestalten und zu erhalten.

Bei Verbänden oder Vereinen ist das gar nicht so leicht, denn die Themen sind komplex und sprechen oft nicht die breite Masse an. Eine thematische Vielfalt bietet jedoch auch die Möglichkeit, Texte interessant und informativ aufzubereiten. Zum Beispiel in Form eines (Presse-)Artikels, eines Rundschreibens oder auch auf einer Website.

Im Idealfall wirkt ein PR-Text wie ein Gourmet-Menü: Eine Einleitung, die Appetit auf mehr macht. Klare und präzise Formulierungen, die durch einen flotten Schreibstil leicht verdaulich sind und als Dessert vielleicht etwas zum Staunen und Schmunzeln. Mit anderen Worten: PR-Texte fesseln und begeistern den Leser!

Die Autoren bei etexter verfügen über jahrelange Erfahrung beim Schreiben interessanter und fachlich kompetenter PR-Texte. In jedem Thema liegt für uns die Information verborgen, die den Leser interessiert und neugierig macht.

PR Text eines Möbelverbandes

Eine Palette macht noch keine Gemütlichkeit

...aber viele Paletten können ein einzigartiges Wohnzimmerambiente schaffen. Seit einigen Monaten treten wir als junger Beispielverband in der Wohnmöbelindustrie dafür den Beweis an. Mit der Entscheidung, dem Trend des Möbel-Upcycling zu folgen und damit die Generation der unter 30-jährigen anzusprechen, lagen wir richtig. Unsere Ausschreibung an junge Designer zum Thema einer nachhaltigen Möbelkollektion hat Früchte getragen!

In unseren bundesweiten Industrieunternehmen und Manufakturen aus dem Wohnmöbelsegment sind die neuen Natur-Design-Möbel auf ein großes Echo gestoßen. Wir konnten daraufhin die Kollektion um Schlaf-, Esszimmer- und Dielenmöbel erweitern. Die neue Schlafzimmer-Kollektion weckte auch die Aufmerksamkeit eines großen Matratzenherstellers, den wir zu unserer großen Freude als Kooperationspartner gewinnen konnten. Wir dürfen uns also auf ein erfolgreiches Jahr in diesem Segment einstellen.

Die gelungene Aufnahme unserer neuen Produktionslinie ist ganz besonders den entschlossenen Visionären unter uns zu verdanken. Mit ihrer überzeugenden Marktanalyse und der beeindruckenden Marketingstrategie haben sie ganz wesentlich zum Erfolg der Linie beigetragen.

Pressemitteilung

Ihr Architektenverband hat beschlossen, einen neuen Designpreis auszuschreiben? Ihr Winzerverband feiert 150-jähriges Bestehen? Beide Ereignisse sind wichtig – nicht nur für Ihre Organisation, sondern auch für die Öffentlichkeit der Region, des Bundeslandes und der Nation. Um die Nachricht zu verbreiten, bietet sich eine Pressemitteilung an.

Die ideale Pressemitteilung ist so formuliert, dass der Redakteur einer Zeitung oder eines Magazins sowie Vertreter anderer Medien den Inhalt der Pressemitteilung sofort als relevant erkennen. Ein ausgebildeter Journalist ist in der Lage, Ihre Pressemitteilung entsprechend den geltenden Regeln zu erstellen. Er kennt sich nicht nur mit dem äußerlichen Format aus, er weiß auch, wie der Inhalt zu präsentieren ist – in einem Stil, der allen Medien gerecht wird.

Wenn Sie einen professionellen Journalisten mit der Verfassung Ihrer Pressemitteilung beauftragen, erhöhen Sie Ihre Chancen für eine Veröffentlichung. Gerne unterstützen wir auch Ihren Verband oder Verein dabei.

Pressemitteilung eines Architektenverbandes

Der Arbeitsprobenverband der Architekten Europas fördert mit einem neuen Designpreis die Verwendung innovativer Materialien – erste Preisverleihung am 15. Juli

Musterstadt, 10. Juni 2017. Mit einem neuen Designpreis möchte der Arbeitsprobenverband der Architekten Europas die Verwendung innovativer Materialien in deutschen Gebäuden für nachhaltiges Bauen fördern. Der Preis ist mit 150.000 Euro dotiert und wird zum ersten Mal am 15. Juli in Bonn verliehen.

„Nachhaltiges Bauen und Wiederverwertbarkeit von Baumaterialien ist das Gebot der Stunde", betont Verbandsvorsitzender Martin Muster. Angesichts knapp werdender Ressourcen spiele die Entwicklung umweltfreundlicher Materialien eine immer wichtigere Rolle. Mit dem Designpreis möchte der Verband Architekten bei der Suche nach innovativen Materialien unterstützen.

Algenfasern, Baumrinde und Altpapier sind Beispiele für die erneuerbaren Grundstoffe für Gefäße, Wandverkleidungen und Dämmstoffe. „Bei der Verleihung dcs Designpreises wird die Jury unter Leitung von Kurt Beispiel auf originelle Anwendung ebenso achten wie auf den ästhetischen Eindruck", sagt Muster mit Blick auf den erweiterten Anforderungskatalog.

Spendenaufruf

Spendenaufrufe stellen innerhalb der kommunikativen Aktivitäten eines Vereins oder Verbands eine besondere Herausforderung dar, da sie auf eine unmittelbare Reaktion beim Adressaten abzielen. Dabei spielt es keine Rolle, ob Sie um eine generelle finanzielle Unterstützung für das Vereins- oder Verbandsengagement werben oder für ein von Ihnen initiiertes, konkretes Projekt.

In beiden Fällen erfordert die Bitte um eine Spende eine bewusst und klug aufeinander abgestimmte Mischung von informativer, argumentativer und emotionaler Ansprache. Denn Sie appellieren mit dem Spendenaufruf nicht allein an die Vernunft des Lesers, sondern auf vielen weiteren Ebenen an seine Bereitschaft, sich für Ihre Sache und Arbeit einzusetzen.

Gerade in diesem Bereich lauert die Gefahr, in einer eventuell zu forschen, zu fordernden oder auch zu überschwänglichen Formulierung des Aufrufs über das Ziel hinauszuschießen, was den potentiellen Spender abschrecken kann. Nicht zuletzt, da man als Aktiver eines Vereins oder Verbands verständlicherweise mit Enthusiasmus bei der Sache ist, kann die gebotene Distanz oder die Perspektive von außen fehlen, was nicht selten in einem sprachlichen Übereifer mündet, der zu kontraproduktiven Effekten führt.

Die professionellen Autoren von etexter verfügen über eine langjährige Erfahrung im zielorientierten Texten und sind daher in der Lage, für jedes Spendenprojekt einen angemessenen und erfolgsversprechenden Ton zu treffen. Je nach Art des Anliegens sind auch zielgruppenspezifische Überlegungen anzustrengen, die sich in der entsprechenden Wortwahl und einem adäquaten Sprachstil niederschlagen.

Alle strategischen Schriftstücke, bei denen man sich eine spezielle Wirkung erhofft, zu denen insbesondere auch Spendenaufrufe zählen, sind komplexe Sprachwerke, in denen man mit Geschick, Raffinesse,

Intelligenz und vielen anderen Qualitäten seine Botschaften und Intentionen verbreiten kann. Professionalität beim Formulieren solcher Schreiben steigert die Erfolgschancen. Eine lohnende Investition.

Spendenaufruf eines Wirtschaftsverbands

Liebe Mitglieder, Unterstützer und Freunde des Verbandes!

Uns bricht das Fundament weg! – Doch keine Bange: Uns plagen keine Nachwuchssorgen, wir haben weder mit einem Mitgliederschwund zu kämpfen, noch verlieren wir die inhaltliche Grundlage unserer Verbandstätigkeit. Im Gegenteil, unser Wirtschaftsverband kann derzeit einen steten Zuwachs bei den Mitgliederzahlen verzeichnen und zahlreiche Erfolge bei der Vertretung der Interessen der Verbandsmitglieder in den vergangenen Jahren vermelden.

So ist es uns vielfach gelungen, unsere gemeinsam beschlossenen Positionen auf die politische Agenda zu setzen, die in der Folge bei vielen Gesetzesentwürfen Berücksichtigung fanden. Unsere inhaltliche sowie organisatorische Basis ist gefestigt, so dass wir höchst zuversichtlich sind, auch künftig unsere Vorstellungen und Forderungen wirkungsvoll in die öffentliche Debatte einbringen zu können.

Uns bricht das Fundament weg! – Das ist heute ganz wörtlich gemeint. Denn die Bausubstanz unseres denkmalgeschützten Verbandssitzes ist akut gefährdet. Die wunderbare Villa aus der Zeit des Historismus mit beachtenswerten Elementen des Spätklassizismus dient uns bereits seit der Gründung des Verbands in vielerlei Hinsicht als ideale und repräsentative Zentrale.

Unsere Mitglieder hatten sich seinerzeit ganz bewusst für sie entschieden, um das in der Satzung verankerte, gesamtgesellschaftliche und kulturelle Engagement des Verbands zu bekräftigen. Schon damals wurden dank großzügiger Unterstützer aufwendige Restaurierungsarbeiten vor allem an der Fassade vorgenommen.

Doch nun weist das Fundament Schäden auf, die dringend behoben werden müssen, um das erhaltenswerte Gebäude vor einem drohenden Verfall zu schützen. Wir bitten Sie daher, uns bei der Finanzierung der umfangreichen Baumaßnahmen unter die Arme zu greifen, damit das einzigartige Kleinod aus dem 19. Jahrhundert auch in Zukunft die architektonische Landschaft bereichern kann.

Webseitentext

Die eigene Website ist für Vereine und Verbände ein „Muss" im digitalen Zeitalter. Über den Auftritt im Internet erfolgt häufig der erste Kontakt mit Interessenten. Für Mitglieder ist es der wichtigste Einstieg, wenn es zum Beispiel darum geht, sich über Neuerungen zu informieren. Ob Gesangsverein, Fanclub, Sportverein, Interessenvertretung oder Berufsverband – für die Kommunikation nach innen wie nach außen ist die Homepage mittlerweile unverzichtbar.

Neben der Funktionalität und einer ansprechenden Gestaltung, die zum Ziel der Vereins- oder Verbandstätigkeit sowie zur Art der Vereinigung passen sollte, ist natürlich auch die Qualität der veröffentlichten Texte von entscheidender Bedeutung. Denn die Website ist gleichsam eine Visitenkarte, wenn es um die Darstellung nach außen geht. Hier informieren sich interessierte Pressevertreter genauso wie potenzielle neue Mitglieder und eventuelle Gönner und Sponsoren.

Wenn man als Verein oder Verband ernst genommen werden und eine positive Außendarstellung liefern möchte, sollte man professionell kommunizieren. Jeder, der eine solche Homepage aufruft, will kurz und prägnant informiert werden. Ein Stil, der knapp und klar zum Punkt kommt, ist dabei unerlässlich, um die User festzuhalten und zum vertiefenden Weiterklicken zu animieren. Selbstverständlich sollten auch hier die Regeln der Orthografie und Grammatik gepflegt werden.

etexter hilft Ihnen dabei, Ihren Verein oder Verband sprachlich ins beste Licht zu rücken. Bauen Sie auf eine treffsichere Sprache, die Ihre

Anliegen klar und deutlich formuliert. Lassen Sie Ihre Texte von professionellen Autoren verfassen oder überarbeiten. Vertrauen Sie der Kompetenz und Erfahrung unserer Schreibprofis und beauftragen Sie etexter bereits ab einer Seite - gerne auch auf Englisch!

Webseitentext eines Unternehmensverbandes

Willkommen auf der Website des Verbandes der Europäischen Beispielwirtschaft!

Wir verstehen uns als Interessenvertretung für Unternehmen, die im Gebiet der Europäischen Union tätig sind. Wir stehen unseren Mitgliedern mit Rat und Tat zur Seite, unabhängig von der Größe eines Unternehmens oder der Branche, in der es sich bewegt. Wir liefern Ihnen die Informationen, die Sie benötigen, um im Unionsgebiet erfolgreich und rechtssicher arbeiten zu können.

Sie können nicht nur auf eine umfangreiche Datenbank mit Volltextsuche zurückgreifen. Als Mitglied haben Sie darüber hinaus jederzeit die Möglichkeit, einen unserer Experten zu kontaktieren, der sich mit Ihrem konkreten Problem auskennt oder Ihnen einen Spezialisten empfehlen kann. Wir organisieren europaweit und lokal Tagungen, die über die aktuellsten Neuerungen informieren. Auf unseren branchenübergreifenden internationalen Netzwerktreffen können Sie in ungezwungener Runde neue Möglichkeiten entdecken und Synergien ausloten.

Wir vermitteln Ihnen auf Wunsch ein individuelles und professionelles Forderungsmanagement, das in ganz Europa Ihre Ansprüche verfolgt. Unser vielseitiger Juristenpool hilft Ihnen bei Rechtsfragen aller Art. Der Newsletter informiert sie über Neues aus dem Verband sowie über aktuelle wirtschaftliche und politische Entwicklungen. Informieren Sie sich über die Vorteile, die eine Mitgliedschaft Ihnen bieten kann!

Werbetext

Ihr Wirtschaftsverband benötigt Fördermitglieder für ein ehrgeiziges Qualifizierungsprogramm? Ihr Sportverein sucht Sponsoren für den Neubau von Tennisplätzen? Dann gilt es, einen ansprechenden Werbetext zu verfassen, der Ihre Pläne in leuchtenden Farben, aber auch konkret genug schildert und Ihnen die nötige Unterstützung sichert.

Ein Werbetext für einen Verein oder Verband hat folgende Aufgaben:

- *Er steigert das Ansehen Ihrer Organisation.*
- *Er informiert über Ihre Pläne und Vorhaben.*
- *Er nimmt den Leser für Ihre Pläne ein.*
- *Er animiert dazu, Ihre Organisation tatkräftig zu unterstützen.*

Ihr Verband benötigt einen Werbetext in der Regel, um sich Unterstützung für Projekte zu sichern. Deshalb sollten Sie beim Erstellen eines Werbetextes nichts dem Zufall überlassen. Ein professioneller Texter weiß genau, wie er Ihr Anliegen öffentlich darstellt. Er kann beurteilen, welche Wortwahl beim Leser einen bleibenden Eindruck hinterlässt. Er kennt sich mit Zielgruppen ebenso aus wie mit dem Formulieren von Überschriften und Slogans. Davon können Sie profitieren!

Werbetext eines Sportclubs

Bald rollt der Ball – mit Ihrer Hilfe!

Der Tennisverein Aufschlag plant Tennisplätze im Neubaugebiet Am Musteranger. Unterstützen Sie diesen wichtigen Sport! Den Tennisball über das Netz zu schmettern ist heute so beliebt wie vor fünfzig Jahren. Der 1500 Mitglieder starke Tennisverein Aufschlag kämpft seit Jahren mit überbelegten Plätzen.

Nun hat sich der Vorstand zum Neubau von Tennisplätzen entschlossen. Werden Sie ein Sponsor und sichern Sie sich einen Ehrenplatz auf der Bronzeplakette, die alle Förderer am Eingang zum Vereinsheim zeigen wird. Damit erweitern Sie das Netzwerk Ihrer Beziehungen und fördern Ihr öffentliches Image.

Die Stadtverwaltung hat dem Tennisverein das angrenzende Grundstück im Rahmen des Erbbaurechts überlassen. Dieses Arsenal bietet genügend Platz für 15 neue Sandplätze, deren Bau mit 75.000 Euro veranschlagt wird. Im gleichen Zug werden die sanitären Einrichtungen des Vereinsheims für rund 50.000 Euro vergrößert. Die Pläne für die Projekte hängen im Vereinsheim öffentlich aus.

Unterstützen Sie Ihren Tennisverein!

- Über die Hälfte aller Mitglieder von Aufschlag sind jünger als 20 Jahre.
- Unser Verein besteht seit mehr als 100 Jahren. Er hat zahlreiche Spieler von nationalem und internationalem Niveau hervorgebracht und fördert ständig neue Talente.
- Der Verein ist eine gemeinnützige Organisation. Spenden für dieses Bauprojekt können steuerlich geltend gemacht werden.

Zeitschrift

Ein Verein oder Verband, der Wert darauf legt, seine Mitglieder regelmäßig aktuell über die Tätigkeit, Neuigkeiten, Veranstaltungen oder personelle Veränderungen zu informieren, nutzt oft eine eigene Zeitung oder Zeitschrift. Sie stellt - ob klassisch gedruckt oder in digitaler Form - ein Medium dar, das von den Mitgliedern erwartet wird. Neben den unerlässlichen Protokollen enthält sie weitere wichtige Informationen, die beispielsweise über Entscheidungen des Vorstands, erreichte Ziele, anstehende Projekte und dergleichen mehr Auskunft geben.

Primär dient ein solches Mitteilungsorgan natürlich der Kommunikation nach innen. Die darüber hinausgehende Publikation kann aber ein Instrument sein, um potenzielle Neumitglieder zu werben und Pressevertreter sowie mögliche Sponsoren für die eigenen Themen zu interessieren.

Als Selbstdarstellung und Werbung sollte eine solche Publikation bestimmte Standards erfüllen. Die Texte müssen informativ, unterhaltend und vor allem für die jeweilige Zielgruppe verständlich verfasst sein. Ob als Ehrenamtliche im Verein oder Sprecher von Berufs- und Interessenverbänden – oft fehlt es an der Zeit, die Texte und Artikel so zu formulieren, dass sie genau passen.

etexter bietet Ihnen dabei professionelle Hilfe an. Wir geben Ihnen unser Wort®, ob es um das komplette Verfassen von Texten oder um die Überarbeitung bereits vorhandener Artikel geht. Unsere erfahrenen Redakteure formulieren Ihre Inhalte treffsicher und publikumswirksam. Wir sorgen dafür, dass Ihre Botschaften ankommen!

Zeitschriftenartikel eines Verbands der Textagenturen

Die Qualität von Texten, die heute das Licht der Öffentlichkeit erreichen, ist von starken Unterschieden geprägt. Selbst die altehrwürdige Tageszeitung macht zuweilen den Eindruck einer Hölle, in der sich der Fehlerteufel nach Herzenslust ausgetobt hat. Immer mehr Menschen und Institutionen müssen sich der Welt mitteilen und selbst in Pressemitteilungen, die einen gewissen Anspruch vermitteln sollen, wimmelt es nicht selten von Fehlern und sprachlichen Ungereimtheiten.

Ob falsch verwendete Fremdwörter oder unkorrekt platzierte Satzzeichen, ob fehlende oder zu viele Zeichenabstände, ob „Deppenapostroph" oder unnötige Anglizismen, unvollständige Sätze oder die Inflation von Großbuchstaben – sie alle finden sich nicht nur in Posts in den sozialen Medien, sondern mehr und mehr auch in professionellen Publikationen.

Hier müssen wir als Textagentur einen gegenteiligen Einfluss ausüben – nicht als Gralshüter der Sprache, die ja per se etwas Dynamisches ist, sondern als kompetenter Dienstleister, der dem jeweiligen Auftraggeber den bestmöglichen Text fehlerfrei liefern, damit er seine Kommunikationsziele erreicht. Unsere Professionalität und Erfahrung sind Verpflichtung zur Sorgfalt, wenn es um das Verfassen oder Überarbeiten von Texten geht.

Englische Texte

ewriters
SIMPLY GOOD TEXTS

ewriters is a modern text agency for private clients, companies and associations. Experienced editors write first-class articles, brochures, press releases, website text and many more types of text.

With ewriters, you can simply order texts for your company or association online. First, you decide whether you would like us to write a brand-new text or whether you would like us to revise an existing text. Then, you can choose the desired language of your text.

After entering the number of pages and the delivery date, you will immediately see the price for your individual text. Then you can specify what the text should contain. You also have the option to submit a file with further information on the text.

Headed by qualified journalist Eike Christian Petering, ewriters only uses the services of experienced writers, with whom we have collaborated for many years.

This guarantees the utmost degree of quality and safety. Our editors write your text, proof-read it thoroughly, and deliver it punctually on your desired delivery date, and in perfect quality. You will be notified via email and can then download your finished text immediately via a secure SSL connection.

From Articles to Websites

Drafting brochures, preparing newsletters and taking care of the company blog: writing texts costs time and ties up a number of employees. Why don't you just let us do it for you?

Outsourcing text writing in whole or in part to a professional service provider will enable you to dedicate yourself fully to your core business. We have specialized in writing texts for private customers, companies and associations, meeting even the greatest expectations.

The people behind ewriters are Eike Petering, a qualified journalist, and his team of editors and professional writers. Such competence and experience makes ewriters a convincing partner for companies who are unwilling and unable to accept anything less than high-quality texts.

Our writers know how to do proper research, how to write compelling texts that appeal to their respective target audiences, and how to copy edit thoroughly. All of this in German, too. We have developed a modern, easy-to-use system to process your various orders, ideal for both major and short-term projects. You can receive the finished text after as little as 48 hours. Our order manager will inform you immediately about the price and delivery time of your respective project. The client area will allow you to keep track of your individual orders. It also provides a safe connection for you to download the finished texts.

We offer this service at a fair price. Thanks to our carefully selected pool of writers, we can provide you with first-class texts at any time. And you will be happy to rely on us again! ewriters – simply good texts.

Articles

You are preparing an article, perhaps for the company journal or a similar publication. You know your subject inside out, and you also have a big collection of material and ideas.

Now it comes to writing it all down, and all of a sudden, your workflow hits a dead end. The playwright Tom Stoppard once said that the hard part is getting to the top of page 1, and wouldn't you agree!

Often you have limited space for the article, or you are even expected to confine yourself to a previously specified number of lines. It is also not the same thing to know one's way around a certain topic and to be a talented and experienced writer. How lucky that the professional writers at ewriters are there!

No matter if you provide us with a stack of collected material or just a bulleted list about the approximate content of your article: in any case, we write a compelling text for you, which will even entertain those readers who are usually not very interested in this particular subject.

How do we do it? As usual: with our unique team of editors and professional writers. We do not only look at the surface of your article. We look at all sides.

It is the much better strategy to structure and formulate the article. And it will save you some time and go easy on your nerves.

Article (Template)

Many companies have outsourced major parts of their business operations. Be it accounting, logistics, or customer service: outsourcing has become much more than just a trend.

By focussing on core business, companies big and small from all walks of industry secure their competitiveness. But three basic rules should always be adhered to in order to avoid the side effects of outsourcing. Particularly in the IT and management business, even medium-sized companies frequently have a triple-digit number of external advisors and service partners.

This automatically comes with frictional losses. On the other hand, major DAX companies have drastically reduced the number of their suppliers by pooling tasks with a few select powerful all-round providers. Their motives are understandable: where everybody is a little responsible, nobody takes responsibility in the end. But if some few providers are given large budgets, they are obliged to provide a quick solution when there is a problem.

Therefore, the first rule is: wherever possible, complexity must be reduced. Simple structures, clear responsibilities, short distances. Only then is it possible to respond quickly and comprehensively to a problem.

But what about the savings potential of outsourcing? There are some interesting observations as well: corporations which used to wax ecstatic about outsourcing their entire production to the Far East return with a flea in their ear.

Incidentally, apart from the dangers of quality issues and the transfer of know-how, the time factor was underestimated by many: by the time a cargo container finally arrives in Europe, the products of many industries have almost become obsolete. Hence, the only resort is airfreight, which is costly.

So this is the second rule: apart from the costs, the factors quality, transfer of know-how, and time must be thoroughly assessed before a decision on outsourcing is made.

Otherwise, a seemingly cheap solution will become very expensive very quickly. Have you ever tried to reach your external service provider on a Saturday?

The advantages of an in-house solution are obvious: everyone in the company knows the employees and they are often easy to reach even outside of their regular working hours; communication usually works smoothly. Could external service providers ever keep up?

This is one of the most important questions before making a decision on outsourcing, and it takes us straight to our third rule: always check you service provider's ability to perform, especially where reachability and communication are concerned. At ewriters, we know how important that factor is, so we have the necessary resources to be available to our clients around the clock. Emails must be answered in a matter of hours, not days.

And above all: the client must always receive a proper answer which is appropriate to their concerns. Model answers may be a tried and tested method in the mail-order business, but certainly not for external service providers. So when you are facing your next decision on outsourcing, review our three basic rules. If the strategy is right, outsourcing can pay off as well.

Correspondence

Your company takes up correspondence with selected clients. Every word will influence that client's further purchase behaviour. Or perhaps you only write to one recipient, but you need to win that one over by all means. What makes the difference between success and trash?

The professional writers at ewriters do not adhere to one fixed pattern to mould correspondence into the be-all-and-end-all shape that will yield the desired results.

On the contrary: we are very critical of purported formulas for success along the lines of, "Publicity is all that matters". Cheap sensationalism may guarantee attention, but the consequences are often of a negative nature.

The daily overload of various advertising messages does not grant victory to him who screams loudest. Instead, our experience and the experience of our clients prove that a personal and authentic letter will win you the hearts of your clients.

The key here, as it is so often, is authenticity. Anyone will intuitively see a form letter, carelessly assembled from text modules and phrases, as an insult to their attention.

But they will be downright grateful to read a text that is worded personally and lacking the usual marketing babble—simply because such a letter is a rarity.

Of course, it also involves more work. It may even mean to actually reword certain parts of the letter anew for each individual recipient. Too much hassle?

Not at all! After all, orders from satisfied regular clients make up the majority of most companies' turnover and profit.

The potential in existing client relations is tremendous. And you can tap into it if your correspondence is just right!

Correspondence (Template)

Dear Ms. Smith:

We are very happy to hear that you are interested in ewriters, a modern text-writing agency! We will gladly introduce ourselves: from articles to websites, ewriters will provide you with all types of text that you need in everyday business. The entire order can be processed online, from order placement to payment through to delivery of your individual text.

Your biggest advantage: ewriters collaborates with experienced editors. The fact that our authors are trained, experienced journalists is directly reflected in your texts.

We are happy to prove the high quality of our texts to you: at ewriters, you can even place orders for only one page. This gives you the chance to place a partial order previous to a larger project, so you can test the process in detail and review the results. You can order one page of text from only $179.

The procedure is very easy. Just choose your desired type of text (such as a letter) on www.ewriters.biz and enter the basic information in the order module: how many pages should the text be, in which language should it be written, and what is your deadline? The corresponding price is displayed immediately.

During the next step, you will specify what the text should contain, and you will also have the option to submit a file with further information. You can choose among three secure payment methods: PayPal, SOFORT Banking (instant transfer), and bank transfer.

We will notify you via email as soon as your text is ready. Then you can download your text via a secure connection.

And here is another advantage: since your orders are processed online, you will never lose track of your projects, even if there are different ones at the same time. You can display the current status for each individual order.

Ordering additional texts is easy as anything: no matter if it is a new text or a text revision, one page or 15 pages, in German or in English, with a deadline in 48 hours or in two weeks: ewriters will deliver the exact text which will bring your business forward. You will save a lot of time and in many cases a lot of money, too. Just give it a try and experience our motto for yourself: simply good texts.

Yours sincerely,

The ewriters team

Blog

Many companies nowadays run blogs on their websites. But still there are great discrepancies in topicality and quality of the articles and posts that are published there.

It may be easy to share a text on the internet, but you should thoroughly think about its content and structure. Otherwise, a company blog may just come back around like a boomerang.

Your company's line of business and market position mainly define what you blog about. The language you use must also be appropriate. There is nothing more embarrassing than a company with a rich tradition that is currying favours by using teenage slang and webspeak in its blog. With ewriters, your blog will remain authentic!

You are an expert in your industry, and you should not be afraid to show it! Well-researched blog articles which talk about interesting topics in an engaging style will reach your readers and cement your reputation.
That is why it is not our goal to produce as many texts as possible at the lowest possible price. Instead, we monitor the quality of the blog posts that are published in your name.

You want ewriters to run the entire company blog rather than provide individual blog posts? Not a problem, either: we are familiar with all current CMS programmes and will at your request update your blog independently with well-researched texts about the desired topics.

Blog Post (Template)

The greatest advantages of a (company) blog post include without a doubt the possibility to create links to interesting websites or other articles. The readers—provided they are interested in the topic—can always find further information. Provided that the blogger is reliable and carefully selects the links, this will create a virtually never-ending source of useful expert information, opinions, and analyses.

Creating a well-crafted blog post requires enough time for research and a writing style that appeals to its reader. The created links and the references must also be carefully examined. Comprehensive tools for a linguistic check of the text are provided by the Duden publishing house on their website, for example. Moreover, even expert information should be regularly scrutinized and checked.

A special challenge for a company blogger is the direct communication with the readers. The most typical readers are clients and prospects. They often also take advantage of the comment function to publicly criticize the company's products and services without mincing their words.

But apart from obvious abusive criticism, which can be deleted without hesitation even in times of "Web 2.0," comments also include the complaints of loyal customers, who will commend the company for an earnest and appropriate answer.

So this results in two directions of communication: company-client communication and the client-company feedback channel involving the public, i.e. the readers of the comments. The latter can even intervene with a correction, if given the possibility: many websites include a function for readers to rate the usefulness of other users' comments. This can also be implemented in a blog with no technical difficulty:

A surprisingly precise self-regulating principle. Of course, the second direction of communication is no law of nature. There may be good reasons not to set up a comment function: the staff requirements for moderating and responding to the comments are rather high. Small and medium-sized companies in particular will quickly meet their limits here.

They may fare better with a "one-way blog," but that does not mean that readers will not receive it well, due to the relevant and useful information it contains. But the key is: a company blog is not an on-the-side medium for its makers.

Writing the articles and posts is a form of corporate communication and must be taken care of with the appropriate diligence. "Content first" is certainly not the worst motto for corporate communication in a dot-com age.

But an even better motto would be, "Quality first."

Letter

When was the last time you enjoyed reading a well-written letter which was not sent by a friend or relative? Be it email, fax, or letter: anyone who wants to reach his clients or club members must be able to write a convincing text.

The biggest mailing list is worth nothing when a letter becomes mere advertisement through the use of trite, empty phrases.
The editors and professional writers at ewriters invest a lot of time in the wording of an appealing letter. Because there is one thing we know: every sentence must hit home when it's about letters from companies or associations.

The text is supposed to overcome the refusal such mail is often met with. It should directly address the client or club member and spark their interest. And this can only be achieved when the text is carefully prepared and worded precisely. That is why the team at ewriters first evaluates the requirements of your plan: Are the submitted specifications really enough to reach the aspired goal?

What additional incentives can be created? A well-written text tells the client how he can personally benefit from the offer.

Especially in the case of regular circulars, routine must never settle in. Therefore, the first thing we do at ewriters is set up a schedule for such offers: Which messages must be repeated later on? Which new content can be added?

Our professional writers' expertise quickly pays off for you: thanks to the work of ewriters, spreading loss due to poorly prepared letters is a thing of the past. Just give it a try!

Letter (Template)

Dear Ms. Smith:

Thank you very much for your interest in our text services. With ewriters, a team of first-rate writers is available for your company 24/7. From letters to product descriptions, our authors will create all types of text which you need for your business to succeed. And what's so special?

All our writers are experienced editors who have worked for renowned media and clients. The German Association of Merchants (Händlerbund), for example, recommends ewriters to its members as a service partner. And we would be more than happy to convince you as well of the high quality of our work!

Your biggest advantage: you can simply order texts for every occasion online. Go to www.ewriters.biz for the practical order module: There you can choose your desired language and length (number of pages) of your text as well as the delivery date. The corresponding price is displayed immediately.

The order is completed in just a few steps. You can either choose to give us all the specifications about the text content via the order module, or you can attach files for us with your order description. Quality which pays off for you: nobody can afford bad texts.

At ewriters, you will receive good texts written by professional editors from only $179 per page. This is a very competitive price, for which our authors do all the work for you, from research to copy editing.

If you should have any change requests later, a correction run is also included in the price.

Service from A to Z: do you have any questions? Feel free to call us or write to us. We respond to emails in a matter of hours. You can reach us 24/7 on the phone. And you can track your order status online in your personal client area at all times.

We would be very happy for you to see the quality of our service with your own eyes. You can place orders for as little as one page. Test us and experience our motto, "simply good texts," for yourself!

Yours sincerely,
The ewriters team

Content

One of the most important basic rules for successful companies applies to the internet in particular: only quality will prevail. Anyone who puts cheap but faulty texts on their company website will pay a steep price in the end.

That is why at ewriters your individual content will only be created by our experienced editors and professional writers. Perfect texts at a fair price.

We take the time to think about a text before we write it down: In which environment will the text be published? What are you hoping to achieve through the text? Which added value can the text offer to the reader? Only when these questions are answered will the content meet all expectations.

Our order manager helps you keep track of your content orders, even if there are several in parallel, and you can download the finished texts directly. Would you like to leave maintenance of your content entirely to ewriters? Then we will find a technical solution to publish the content directly to your website. With our help, your content will be much more than merely accurate and readable: your content will appeal to readers and boost your reputation, only because it was not written by just anyone but by professionals who know their trade.

Just give it a try and see for yourself the difference it makes.

Content (Template)

Writing an appealing text requires not only expert knowledge of the content but also linguistic proficiency. Therefore, an important rule which was originally owed to space restrictions in print media continues to apply in the dot-com age: a text must be short and succinct.

No reader, no matter how interested, wants verbose essays which go back to the drawing board for everything. In the age of unlimited masses of text, this basic rule is essential. How do you phrase a text in a short and succinct way? By weighting correctly!

The key message goes to the top of the text: the topic and message must be clearly stated. The reader will decide after only a few lines whether, and how thoroughly, they will read the text. Of course, there are perfectly legitimate "baits" which can tip the scales in favour of the text. Surprising and unexpected topics will always beat news that is in line with expectations.

The famous example of "Man Bites Dog" can easily be transferred to economic life: "Employees Buy Own Company" is one such example. Anyone who can come up with new, unexpected, surprising facts should also put them front and centre in order to make their message interesting.

This will immediately attract more readers' attention. Superlatives are always a good choice, too: "World's Biggest Chocolate Factory Opened" sounds much more exciting than "Increased Production Capacity at New Venue."

And if it is not the world's biggest chocolate factory, it will surely be the biggest chocolate factory in Germany, Bavaria, or the district, right? Apart from such general factors, readers often have a direct relationship with the text: are they perhaps customers of the company? Do they perhaps even plan to buy the products mentioned? The clearer the relationship is defined by the text's recipients, the more important this component becomes.

Therefore, a client newsletter can be formulated in an entirely different way from the publicly visible text on the company website. If the readers are already interested in a topic or product, they want direct, comprehensive information about it. Putting this requirement into practice is the key task for every writer. Does your topic have a time-sensitive component? Limited offers, end-of-range models, sweepstakes and similar campaigns usually make deliberate use of the time factor.

There is nothing wrong with this at first, except when it comes to common sense: if every month is a "Promotion Month," the customer feels conned, and rightly so. It is especially important to remove texts after the campaign has ended or to write them in such a way that they will still work afterwards.

A special promotion "until April 2015" announced in Mai 2017 is not just clumsy. In the dot-com age, it is also quick to imply discontinued business operations. Content may contain temporal references, but they must be kept up-to-date at all times. General factors, specific reader expectations, and the time factor: anyone who applies these basic rules writes better texts. Put your own writer to the test!

Public Relations

PR texts have an ill reputation. Especially among editors. Separation of editorial work and advertising is a top priority, and rightly so. Therefore, good PR must be two things above all else: transparent and honest.

Nobody wants to read an adulation of a product or company which is dripping with exaggerated praise and therefore unintentionally funny. The message must be communicated convincingly, and still the text needs to have a second level, which is even more important.

Only when the PR contains truly useful and objective, accurate information does it have an added value for the reader. And this is a bone of contention between content writers and the marketing staff in many major companies.

PR texts are always a balancing act between creative freedom and the strict stipulations of corporate communication. Our external professional writers can be the solution of this dilemma.

We check carefully what can and can't be done, all in accordance with your specifications. And when we write for PR, we review every paragraph for the added value for the reader. After all, if the text holds no value for the reader, it will not hold any value for your company, either.

ewriters will also provide you with PR texts in German, if you so wish. You PR text can be delivered after as little as 48 hours. Our order manager helps you keep track of any parallel orders, and you can download the finished texts directly.

Public Relations (Template)

In small and medium-sized companies, text writing is up to different departments, almost all of which are part of the corporate communications area. And that's perfectly alright. After all, one cannot very well flood the communications department with all the individual requests from customer service and expect them to respond to each and every one of them.

However, every company should strive to include its most important unique selling points in its communication as a whole. This requires some important answers first: Which unique selling points should recur throughout the entire communication? How can these be appropriately formulated for different types of text? We are not talking about a postscript at the end of each text along the lines of, "By the way, our products can be complemented with a variety of accessories."

On the contrary, the task is to integrate the unique selling point in communication from all departments. The message should not only turn up in ads and mailings. It should also be present, in adequate form, in replies to customer requests or social-media messages from the company. Here is an example of an email reply by the customer service. The unique selling point is communicated in the second sentence:

"Thank you very much for your message concerning Product X. Product X is the leader in its class due to the fact that it can be easily complemented with more than 100 accessories. We are pleased to send you Accessory Y as requested. If you should need other accessories at a later time, we will be happy to assist you again."

Here is an example of a social-media message from the company: "Requests for Product X break the record. No surprise: with more than 100 accessories, Product X offers more expandability than any other product in its class.

We will continue to commit ourselves to fulfilling your wishes to the best of our ability!"

The trick is to communicate the unique selling point in a way that fits well with the surrounding content. The phrasing for the different types of text and company departments is a task for experts.

The corporate communications department or a specialized text agency such as www.ewriters.biz can deal with this unique task. Once the course is set, regular use of the right texts in everyday business usually goes automatically.

However, the correct application of key messages should be spot-checked occasionally in all communication channels. The messages must always be organically embedded and should never look like the postscript described above.

If used correctly, linguistic key messages can be a powerful advertising medium of your company. A medium spanning all departments of your entire communication!

Website

The website of a company or association has by now become one of the most important media used in direct contact with clients, prospects, and members.

The steep rise in the importance of professional website texts often clashes with the time and effort necessary to research and compose these texts. How lucky that ewriters is there!

ewriters uses only the services of editors and professional writers. This makes sure that our text quality remains constant and your readers will always gain some added value from the texts. No matter what kind of website text your company or association needs.

Bearing your information about the target group and the desired topics in mind, our writers compose website texts which meet even the highest of standards.

We research the background information, draw up a concept that matches your company, and copy edit our texts before we send them to you, ready for the press.

Of course, ewriters can also supply website texts in German. You are on especially short notice? We deliver after 48 hours! Your company would like to outsource maintenance of the website texts completely to ewriters? We publish our texts directly to your website! ewriters – simply good texts.

Website (Template)

Welcome to ewriters! On our website, you will receive perfect texts for companies and associations around the clock, written by experienced editors. Learn more about our offers and our references. Do read our sample texts as well.

True to our motto, "simply good texts," we have developed a modern order module which helps you to order the most diverse texts for your company or association quickly and easily. You need a short press release by the day after tomorrow?

You want to have a 15-page text revised? You would like to order website texts in German and English? We have the right writer for every request! As a service partner recommended by the German Association of Merchants (Händlerbund), we know what high-quality texts mean for the websites of companies and online shops. Most users mainly rely on the texts when they rate on-line offers.

The editors at ewriters will provide you with all types of texts which bring your business forward, from articles to websites. Just give it a try: at ewriters, you can order individual texts of even one page. First, you select the desired text volume, language, and the delivery date. The corresponding price is displayed immediately.

You can use a text box to let us know the content specifications of your text. Files and web links containing further information about the text can also be submitted online at ewriters.

You can track your order status online at any time. Moreover, our website offers useful know-how articles. Do you have any questions? Give us a call or write us an email—we are there for you at all times!

ewriters—simply good texts for companies and associations.

Notizen:

Notizen: